Gottfried Bachl

DIE ZUKUNFT NACH DEM TOD

GOTTFRIED BACHL

DIE ZUKUNFT
NACH DEM TOD

Herder

Freiburg · Basel · Wien

Alle Rechte vorbehalten – Printed in Germany
© Verlag Herder Freiburg im Breisgau 1985
Herstellung: Freiburger Graphische Betriebe 1985
ISBN 3-451-20520-3

*Vierzig Jahre
nach der Befreiung des Lagers Mauthausen
dem Gedächtnis der Opfer*

Inhalt

Einleitung

Alles, was über die Zukunft gesagt wird, muß am Tod gemessen werden. Wir können uns auf die ausstehende, noch unbekannte Dimension unseres Lebens beziehen, indem wir die Welt planen und konstruieren. Wir können uns wehrlos dem Kommenden zuwenden, weil wir eingesehen haben, daß es sich nicht ableiten und nicht entwerfen läßt. Wir können darauf verzichten, uns mit der Zukunft zu beschäftigen, weil wir den kostbaren Augenblick der Gegenwart nicht verlieren wollen. In jedem Fall ist es der Tod, der unser Verhalten provoziert und bestimmt. Die Gewalt, mit der er sich in alles mischt, rührt her von der unvergleichlichen Qualität des Endes, in dem die menschlichen Individuen für diese Welt vergehen. Es ist nicht mehr relativierbar wie andere Bedingungen, die immer wieder in neue Möglichkeiten übersetzt werden können. Im Tod verschwinden alle Horizonte. „Denn ein Baum hat Hoffnung, auch wenn er abgehauen ist; er kann wieder ausschlagen und seine Schößlinge bleiben nicht aus ….. Stirbt aber ein Mann, so ist er dahin; kommt ein Mensch um – wo ist er?" (Ijob 14, 7– 10). Der Tod räumt die Personen weg, ohne einen feststellbaren Rest übrig zu lassen. Die höchste Form des Lebens auf der Erde, das geistige Bewußtsein, erlischt. Es ist nicht mehr. An dieser Stelle, die keine mehr ist, wird die Frage nach der Zukunft gründlich und laut.

Unser Interesse zielt nicht abstrakt auf das, was sich in zehn Millionen Jahren im Kosmos ereignen kann, nicht auf die Dauer des Alls im allgemeinen. Das Wort *Zukunft* meint die Zeit des Menschen, von ihm aus auch die Zeit seiner Lebenswelt. Was steht ihm bevor? Welche Aussicht hat er im Fluß der Geschehnisse? Aus Erfahrung kennen wir zwei Formen der Dauer des Menschen. Dem Individuum steht ein Spielraum von Erwartungen offen, der im höchsten Durchschnitt siebzig bis achtzig Jahre ausmacht. Die Gattung Mensch überdauert die einzelne Person unabsehbar, rückwärts wie vorwärts. Der Tod ist zuerst und unmittelbar das Ende des individuellen Lebens. Er bestimmt aber auch das Sein der Gattung. Diese ist keine Person und kann nicht personal sterben. Sie ist jedoch endlich. Als soziale Gesamtheit der Menschen fängt sie immer an in den Geburten und endet sie immer in den Todesfällen. Es gibt sie nur als das schwebende Kontinuum zwischen aktuellem Anfang und aktuellem Ende. Die Kette der Zeugungen kann aus vielen Gründen reißen, und die Menschheit hört auf dazusein. Längst sind Sprengmittel und chemische Gifte genug gelagert, um in kurzer Zeit den restlosen Tod zu produzieren. Der Holozid kann jeden Augenblick stattfinden. Es ist nicht möglich, den Tod zum Individuum, die Zukunft zur Gattung zu rechnen. Daß der Mensch stirbt, das gibt seiner Zeit unter allen Aspekten die unverwechselbare Qualität. Der Tod bestimmt sie so, daß eine Zukunft, die den Tod überbietet, in keiner Weise innerhalb ihrer Erstreckung gesucht werden kann. Die Frage: *Gibt es für den Menschen Zukunft jenseits des Todes?* betrifft den Menschen total.

Bis heute sind es allein die Religionen, die der Totalität dieser Frage mit der Totalität ihrer Antwort zu entsprechen versuchen. Sie bieten dem Menschen nicht nur die Möglichkeit, sein Leben unter der Bedingung des Todes zu verstehen, sondern enthalten Verheißungen, daß der Mensch Identität und Sinn *im Tod* nicht verliert, daß ihm über dieses Ende hinaus Zukunft geöffnet wird, die mehr ist als Fortdauer der hier begonnenen Existenz, nämlich deren Vollendung. Die Skizze, die ich hier versuche, ist allerdings durch die einfache Absicht beschränkt, das zu beschreiben, was das Christentum zur gestellten Frage weiß. In drei Kapiteln soll erkundet werden, was man, im Blick auf die Letzten Dinge, Frohe Botschaft nennt. Zuerst ist es nötig, von der Entschiedenheit zu reden, mit der die biblische Überlieferung an das totale Ende erinnert, das der Tod für alles menschliche Leben bringt. Dann wird es möglich, den Grund der christlichen Hoffnung zu beschreiben, das plausible Wunder der neuen Schöpfung. Schließlich bleibt zu überlegen, wie die Strukturen einer Zukunft jenseits des Todes aussehen mögen. Der Wille, dabei halbwegs genau zu sein, ist vorhanden, und es fehlt auch nicht am Bewußtsein, daß die Perspektive des Verfassers nicht weiter ist als die des Paulus, der sein Erkennen, von dem die ganze Christenheit lebt, Stückwerk genannt hat.

I

Erinnerung an das Ende

Wissen und Überblendung

In den Psalmen bitten die Frommen der Bibel um das Todeswissen: „Herr, tu mir mein Ende kund und die Zahl meiner Tage! Laß mich erkennen, wie sehr ich vergänglich bin! Du machtest meine Tage nur eine Spanne lang, meine Lebenszeit ist vor dir wie ein Nichts. Ein Hauch nur ist jeder Mensch. Nur wie ein Schatten geht der Mensch einher, um ein Nichts macht er Lärm. Er rafft zusammen und weiß nicht, wer es einheimst" (Ps 39, 5–7). Das klingt, als wüßten wir nicht längst und reichlich um die Tatsache des Todes, als hielten uns nicht die Friedhöfe, die Begräbnisse, die Inserate in den Zeitungen, die Krankenhäuser und die Leichen, die wir zu Gesicht bekommen, die Evidenz des Endes ständig und ausgiebig vor Augen. Wir wissen um den Tod. Aber der Beter spürt die Notwendigkeit, das Bekannte zu erkennen, an das Allgegenwärtige erinnert zu werden. Er nennt Bedingungen für die

Weise, wie der Tod im Bewußtsein ist, die auch in unserer heutigen Situation ihre Geltung nicht verloren haben. Das Ende ist allen bekannt. Das genügt jedoch nicht dafür, daß das Leben davon wirklich bestimmt wird. Erst wenn die Wahrheit meines Todes mich ganz erfaßt, wird mein Leben wahr, habe ich die Weisheit erlangt: „Unsere Tage zu zählen lehre uns! Dann gewinnen wir ein weises Herz" (Ps 90, 12). Offenbar rechnen wir nicht oder nur oberflächlich mit der begrenzten Zahl der Herzschläge. Die Bekanntheit des Todes ist verbunden mit einem Zusammenhang der Überblendung, in dem er alltäglich harmlos wird und verschwindet. Er muß dagegen mit dem Einsatz neuer Aufmerksamkeit und dem Mut zur Wahrheit erst gelernt werden. Wir haben uns nicht nur daran zu erinnern, daß wir alle tot sein werden, sondern auch daran, *wie* wir es sein werden; das Ausmaß des Endes muß erkannt werden. Es kommt über den ganzen Menschen und für immer.

Wir kennen den Tod nicht aus Erfahrung wie das Leben. Jeder erleidet Vorgänge, die das Ende einleiten, aber es ist unmöglich, das Ende selbst zu erleben. Wir sind darin nicht so, daß wir etwas wahrnehmen könnten, jedenfalls nicht für den Erfahrungsbereich dieser Welt. Weder die Lebenden noch die Sterbenden können Auskunft geben, und von den Toten her ist nichts zu hören. Was wir vom Totsein sehen können, ist immer nur der Gegenstand, der aus einem anderen lebenden Menschen geworden ist: die *Leiche*. Wer nicht Schein erzeugen und erhaben schwätzen will, muß sich klar sein über die Möglichkeit, vom Tod etwas zu wissen. Alle Versuche, tief zu blicken, scheitern an der Grenze, die er setzt. Keine Anstrengung der Vernunft durchdringt die Finsternis. Bewußtseinserweiterungen reichen nicht hinüber. Es gibt keine Kompetenz aus dem Tod selbst. Der einzige erfahrungshafte Zugang zum Zustand des Todes ist die Beobachtung der Leichen durch die Überlebenden. Alle primitiven, alle sublim religiösen und alle hohen philosophischen Deutungen des Todes fangen an diesem Punkt an und müssen, wenn sie sich spekulierend davon lösen, wieder darauf zurückbezogen werden.

Was ist an den Leichen wahrzunehmen?

Wer die Erfahrung an einem geliebten Menschen macht, der eben gestorben ist, erlebt wohl zuerst den definitiven Abbruch aller Kommunikation. Es überfällt ihn die Gewißheit, daß der Freund nicht mehr sprechen, nicht mehr blicken, kein Zeichen mehr geben, weder weinen noch lachen wird. Die Sprache der Reliquien, die der Verstorbene hinterlassen hat, kann seinen endgültigen Austritt aus der Sprache nicht aufheben. Kein Buch, kein Tonband und kein Bild vermag sein eigenes Wort zu ersetzen. Im Umgang mit der Verlassenschaft wird das Verstummen dessen, der sich einmal in ihr bewegt und ausgedrückt hat, erst recht wahr. Er hat kein Wort mehr. Aus der Leiche ist alles verschwunden, was den Menschen einmal zum aufrechten Gang fähig gemacht hat. Die Potenz der Selbstbewegung ist auf den Nullpunkt gesunken. Vor allem ist der Organismus deshalb erstarrt, weil das Bewußtsein in ihm erloschen ist. Es schläft nicht bloß. Es ist nicht mehr da. Das Prinzip, durch das der Mensch unter allen Lebewesen der Erde zum wirksamsten geworden ist, der Geist, wirkt nicht mehr. Die feinen Konstruktionen des Gehirns stehen so still wie die groben Gedärme, mögen sich diese auch noch eine Weile weiter bewegen, wenn jene schon erstarrt sind. Die chemischen Vorgänge der endgültigen Reduktion haben ihre Bewegungen. Aber diese sind Reaktionen jenseits des Lebens, Symptome des tödlichen Zerfalls. Die hohen und schwierigen Gedanken werden nicht mehr gedacht, so wenig wie die unteren Akte der Verdauung und Ausscheidung noch stattfinden können. Der einmal ein Zentrum der Selbsttätigkeit gewesen ist, in freier Selbstverfügung anderen Menschen gegenüber Person, ein Jemand für die Liebe wie für den Haß, ein mögliches Du für jeden Begegnenden, der ist nun als Leiche verfügbar wie ein Gegenstand. Die Dinglichkeit des Kadavers wird bewiesen in den letzten rituellen Handlungen der Bestattung, in der medizinischen Zerlegung und Ausbeutung noch brauchbarer Organe, aber deutlicher noch dadurch, wie er im Grab oder im Krematorium aus aller organischen Verfaßtheit in die anorganische Materie umgesetzt wird. Es ist gleichgültig, ob einer viel oder wenig zurückgelassen hat. Er selbst ist aus allen Bezügen verschwunden. Wer eine Leiche geworden ist, für den sind die Möglichkeiten in der Welt erledigt. Es gibt keine Zukunft mehr für ihn. Seine Existenz ist ausschließlich im Rückblick auf das Geschehene sichtbar. Das Leben geht nur für die Überlebenden weiter. Das *Ende* ist da und ist nicht mehr rückgängig zu machen, auf keinen neuen Anfang zu überschreiten. Dieses einzelne Menschenwesen ist für immer aus dem Zusammenhang des irdischen Lebens ausgeschieden.

Wie ist das Ende sichtbar?

Wir haben uns darauf beschränkt, den Zustand des lebenden Menschen mit dem Zustand der Leiche zu vergleichen. Auch in der anorganischen Welt der Mineralien enden Gestalten, ein Kristall wird zerquetscht, ein Felsstein verwittert, im ungeheuren Fluß der Verwandlungen entstehen und vergehen Formen. Ein Abbruch geschieht auch hier, denn was einmal so war, das Sandkorn, ist dann so nicht mehr da. Dazwischen ist nichts. Das Nichtsein im Übergang ist ein flüchtiges Moment im mächtigen Zusammenhang der Materie, die den Riß schnell übergeht und eine andere Form anstelle der zerstörten produziert. Das einzelne Ding tritt, wenigstens für die Anschauung, mit wenig Anspruch auf, seine Eigentümlichkeit im Unterschied zum Ganzen hervorzuheben und zu bewahren. So hat es den Anschein, als gäbe es hier kein nichtendes Enden, sondern bloß den bruchlosen Wechsel der Aggregatzustände. Anders ist es mit den Lebewesen, vor allem mit dem Menschen. Er tritt in die schärfste

Differenz zum Grund, der auch ihn trägt. Als Person wird er selbst ein Zentrum, eine Welt für sich, er läßt sich nicht unter die Dinge rechnen und wie diese als Mittel gebrauchen. Er ist ein Zweck, als solcher ein freies Gegenüber, der Verbindung mit anderen Personen fähig. An der Leiche kann diese Selbstzwecklichkeit nicht mehr erlebt werden. Alle Äußerungen, die einmal die Präsenz einer Person ausgemacht haben, sind am Toten nicht mehr wahrzunehmen. So hat dieses Ende, der Übergang vom lebendigen Menschen zur Leiche, eine unvergleichliche Evidenz des Nichts. Das ist der große, unbedingte Schnitt im Strom der Metamorphosen. Ein Riß öffnet sich, der nicht mehr zu überspringen ist, er zwingt zum Halt:

> „O des Menschen verweste Gestalt: gefügt aus
>   kalten Metallen,
> Nacht und Schrecken versunkener Wälder
> und der sengenden Wildnis des Tiers;
> Windstille der Seele."[1]

Volkommene Abwesenheit und Endgültigkeit des *nie wieder*, des *für immer* geben dem Nichts an der Leiche die schreckende Gewalt. Es erscheint unabhängig davon, ob die Überlebenden es ermessen wollen oder Masken darauf legen; es setzt sich gegen alle Verhüllungen durch. Zum Ding geworden, völlig manipulierbar, ist die Leiche der Beweis für die Verhältnislosigkeit[2], in die der Mensch vergangen ist. Wer von denen, die sie betrachten, nach einem Verhalten sucht zu dieser Absenz, findet nichts als die dreifa-

18

che Ohnmacht, daß er nichts weiß vom Befinden des Toten, daß sein Wille nicht zu ihm hinreicht, daß er gar nichts tun kann. Es bleiben ihm einige Gesten der Pietät.

Die Deutungen

Von Anfang an, seit es Spuren eines menschlichen Verstehens gibt, haben sich die Überlebenden niemals mit der Betrachtung des Leichnams begnügt. Die Beobachtung der Phänomene des Todes läßt Möglichkeiten des Verstehens offen. Ist Verwesung alles, was mit dem Menschen am Ende geschieht? Hat sich der Tote nur entfremdet, ist er nur anders geworden? Wurde das, was ihn einmal zum Lebewesen gemacht hat, Seele, Atem, Geist, im letzten Augenblick vernichtet oder hat es sich nur entzogen? Muß es nicht etwas am Menschen geben, das seinen Tod überdauert? Ist es vielleicht die Kraft, die ihn um seinen Tod wissen läßt?

Die Hinnahme des Faktums ist begleitet von Interpretationen. Gibt es auch kein Mittel, das Leben endlos zu machen, kann der Tod doch im Zusammenhang des Lebens verstanden und sein Mysterium dadurch erträglich werden. Die Anstrengung, mit dem Tod zurechtzukommen, hat manchmal die Form der Bewältigung. Die absolute Drohung wird absolut beantwortet mit der Methode, die herankommende Macht der Vernichtung zunichte zu machen.

Zwei Arten von Lösungen sind dabei zu unterscheiden. Es heißt entweder: Der Tod ist belanglos, oder: Der Tod ist kein Ende, er findet nicht statt.

Der belanglose Tod

Joseph von Eichendorff hat in einem seiner Gedichte den Tod als die schlafende Heimkehr in den Schoß der Allmutter Natur beschrieben[3]:

Frühlingsnetz

Im hohen Gras der Knabe schlief,
Da hört er's unten singen,
Es war, als ob die Liebste rief,
Das Herz wollt ihm zerspringen.

Und über ihm ein Netze wirrt
Der Blumen leises Schwanken,
Durch das die Seele schmachtend irrt
In lieblichen Gedanken.

So süße Zauberei ist los,
Und wunderbare Lieder
Gehn durch der Erde Frühlingsschoß,
Die lassen ihn nicht wieder.

Dem Tod ist alles Negative genommen. Im Gleichnis wird die vollkommene, schmerz- und konfliktfreie Natürlichkeit des Endes behauptet, das den Menschen bruchlos in die Natur aufgehen läßt. Der Schlaf trägt über Angst und Leiden hinweg, der Liebesruf lockt: Das Entsprechendste ist das Motiv für den Abschied. Der Mensch ist schon in seiner Jugend voll Einstimmung in dieses Mysterium. Es hat ihn sanft bezwungen, weil ihn der Schoß der Erde, in den er endgültig zurückgeht, von Anfang an umfaßt hält. Keine vernichtende Zäsur überfällt den Träumenden, er gleitet friedlich hinüber. Totsein bringt Frieden, Ruhe, Harmonie, Versinken. Alle Dramatik der Vernichtung ist vermieden. Die Utopie der Romantik begegnet uns heute in verwandelter Form in der Forderung nach dem natürlichen Tod[4], der verstanden werden soll als das natürliche Ende alles organischen Lebens, das in der Erschöpfung seiner Kräfte friedlich erlischt. Die praktische Anstrengung gilt einer menschlichen Gesellschaft, die alle Arten des gewaltsamen Todes ausschließt. Viel simpler klingt die Devise nicht weniger Menschen unserer Gegenwart, die sich den Gesetzen des problemlosen Konsums unterworfen haben: Gesund sein, genießen so viel und so lange es geht. Dann umfallen oder nicht erwachen! Der Tod kommt gar nicht in den Sinn, höchstens das möglicherweise wehtuende Sterben.

In der Absicht, die Menschen seiner Zeit, vor allem seine Schüler, von der würdelosen, versklavenden Jenseitsangst zu befreien, hat der griechische Philosoph Epikur (341–270 v. Chr.) seine Gedanken zum Tod formuliert. Auch er spricht, wie später das Evangelium, ein entschiedenes *Fürchte dich nicht!* Der Grund für die ruhige Gelassenheit vor dem Ende ist bei Epikur allerdings ein anderer als im Neuen Testament: „Das schauerlichste Übel, der Tod, geht uns nichts an. Denn solange wir existieren, ist der Tod nicht da, und wenn der Tod da ist, existieren wir nicht mehr. Er geht also weder die Lebenden an noch die Toten; denn die einen berührt er nicht und die anderen existieren nicht mehr."[5] Ich glaube nicht, daß der Grieche damit einen sophistischen Witz machen wollte, wie ihm oft vorgeworfen wird. Er verstand seine Philosophie als ein Unternehmen der Befreiung des Menschen von der Angst, die ihn vor dem Unheimlichen befällt. Die Räumung des Jenseits von allen drohenden Faktoren war sein Ziel. Wenn die Lehre der Weisen keine Anleitung zur Heilung von den Affekten der lustvollen Erwartung oder der klein machenden Furcht enthält, ist sie wertlos. Er versuchte die Menschen gleichgültig zu machen gegen das gleichgültige Faktum Tod. Es gibt keine Instanzen, keine Mächte, keine Götter und keine Teufel, die Schrecken einjagen könnten. Selbst wenn sie vielleicht existieren, können sie dem Verstorbenen nichts antun. Denn der Tod vernichtet, und im Nichts ist nichts zu spüren. Alle Gefühle zielen ins Leere, beziehen sich auf selbsterzeugte Gespenster, weil es die Totenwelt nicht gibt. „Denn alles Gute und Schlimme beruht auf der Wahrnehmung. Der Tod aber ist der Verlust der Wahrnehmung. Darum macht die rechte Einsicht, daß der Tod uns nichts angeht, die Sterblichkeit des Lebens genußreich ..."[6]. Er bezieht eine mögliche Zukunft jenseits des Todes auf die Lust-Unlust-Bilanz und behauptet, sie sei dafür ohne jede Bedeutung, weil es sie nicht gibt. Gäbe es sie, wäre sie auf die Unlust-Seite zu rechnen. Das setzt er offensichtlich mit den geängstigten Menschen, die er anspricht, voraus. Das Nichts des Todes befreit den Menschen von der Notwendigkeit, sich mit dem Tod zu befassen.

Sind damit alle Formen der Verharmlosung des Todes genannt? Lassen wir es offen. Man könnte immerhin daran denken, daß die moderne Methode der Quantifizierung des Todes, die millionenfache, plötzliche Wiederholung die Kraft der Wahrnehmung ungeheuer ermüdet, einfach durch das Ausmaß, das jede Vorstellung übersteigt. Durch die maßlose Produktion wird der Tod selbstverständlich, und die Prediger der Devise, daß man vergessen und das Leben weitergehen müsse, haben es nicht schwer. Auf jeden Fall wird in diesen Strategien der Entlastung dem Ende der Druck der Bedeutung genommen. Es geht weniger um einen bewußten Verzicht auf eine Zukunft jenseits des Todes, als um die Gewinnung einer ungestörten Gegenwart vor dem Tod. Das starke Interesse daran macht es leicht, das Ende wegzublenden.

Der Tod, der nicht stattfindet

In anderen Perspektiven wird die Bagatellisierung des Todes überboten durch die Behauptung, daß das Ende nicht stattfindet. In der alten, weit verbreiteten Praxis der Totenbefragung[7], im Umgang mit den Armen Seelen, wie er im katholischen Bereich bekannt ist[8] und neuerdings in den Berichten angeblich aus dem Tod zurückgekehrter Menschen, wie sie vor allem der Arzt Dr. Moody verbreitet hat[9], wird die Grenze des Todes im Sinn einer gegenseitigen Kommunikation zwischen den Lebenden und den Toten überschritten. Das Wissen der Verstorbenen, das offenbar weiter reicht, wird zugunsten der Lebenden angezapft. Sie sehen auf der anderen, abgekehrten Seite der Welt die verborgenen Fäden laufen und können denen, die sich auf der Vorderseite befinden, in der Bewältigung des Schicksals helfen. Sie erfahren aber auch selbst Hilfe, wie die Armen Seelen auf ihrem Weg durch das Purgatorium. Der Eintritt in den Bereich des Todes, die Erfahrungen in diesem Zustand, Rückkehr und Bericht darüber dienen der Vergewisserung über die Wirklichkeit einer Jenseitswelt. Nicht weniger als diese Auskunft verspricht Elisabeth Kübler-Ross den Lesern der Berichte von Menschen, die reanimiert wurden: „Forschungsarbeiten wie diese hier, welche Dr. Moody in seinem Buch vorlegt, werden vielen Menschen Aufklärung bringen und das bestätigen, was uns seit zwei Jahrtausenden gesagt wird – daß es ein Leben nach dem Tod gibt." [10]

Mindestens drei Behauptungen werden in solchen Vorstellungen gemacht. Erstens, die Zukunft jenseits des Todes liegt auf der Linie der Zeit, die wir hier erleben. Lebende und Tote befinden sich in einem homogenen Raum-Zeit-System. Zweitens, es ist möglich, mit den Toten unmittelbar zu verkehren; die Bedingungen dafür sind erschwert, können aber grundsätzlich erkannt und erfüllt werden. Drittens, der Zustand im Tod ist nicht unumkehrbar. Es ist ziemlich leicht möglich, daraus zu den jetzt auf der Erde Lebenden oder gar in dieses Leben zurückzukommen. Es wird zwar nicht geleugnet, daß der Tod eine Zäsur ist, aber deren Ausmaß wird so weit gemindert, daß von hüben nach drüben eine gerade und direkte Verbindung bestehen kann. Gegenüber der Wirklichkeit dieser Verbindung ist der Tod sekundär.

Heimkehr der exilierten Seele?

Die Aufhebung des Todes kann aber noch weiter getrieben werden, indem die Verfassung des Menschen so begriffen wird, daß er sich mit seinem wahren Wesen immer schon jenseits aller Grenzen, auch jenseits des Todes, befindet. Nach einer alten, nicht nur in Europa, sondern auch in Asien verbreiteten, aber von Plato[11] in klassische Formen gebrachten Tradition besteht der Mensch dadurch, daß in ihm zwei einander im Grund fremde Seins-Teile verbunden sind. Die Seele gehört nach oben in den Bereich des unzerstörbaren, ewigen, göttlichen

Seins. Sie hat teil an der unauflösbaren Beständigkeit des Geistes, der Ideen, des vollkommen in sich kreisenden Lebens. Sie ist streng unterschieden und lösbar vom Leib, der dem Stoff, der Zeitlichkeit, zugehört und vergänglich ist. Die Verbindung der Seele und des Leibes ist nicht notwendig, sondern stammt aus einem Zufall, einem Verhängnis, einer uranfänglichen Schuld. Die Seele, das Eigentliche am Menschen, der Mensch in seinem wahren Wesen, befindet sich im Leib quasi im Exil. Die Leiblichkeit ist der Zustand ihrer Entfremdung. Man könnte auch sagen: Der Mensch ist eine Degeneration der Seele, wie sie rein für sich ist. In jedem Fall kann der ursprüngliche Zustand wieder hergestellt werden – im Tod, wenn sich die Seele vom Leib trennt. Dann stirbt das Sterbliche am Menschen, „das Unsterbliche aber und Unvergängliche zieht wohlbehalten ab, dem Tod aus dem Weg.“ [12] Die Seelensubstanz kommt wieder an den Seins-Ort, der ihr zusteht, geht ein in den Zustand des Ursprungs. Der Weg durch die Leibsphäre ist nicht gleichgültig, zwingt sie zur Verantwortung, ist Chance ihrer Bewährung und Läuterung. Für die Frage nach der Zukunft über den Tod hinaus bedeutet das Verhältnis des irdischen Lebens nichts. Denn substantiell *ist* der Kern im Menschen, die Seele, schon immer jenseits des Todeslimits, ist die Zukunft notwendig mit dem Wesen gegeben. Leben ist Einübung dieser Wahrheit. Der Tod erfaßt nur den Rand und die Schale, den Inhalt des Daseins läßt er unberührt. Totsein ist alles andere als Nichtsein: Freiheit, Wahrheit, Identität, Heimat im Sein. Der Tod droht nicht, sondern erlöst, er ist nicht Ende, sondern den Zustand der Entfremdung aufhebender Anfang. In der Idee der Seelenwanderung [13], die oft im Zusammenhang der Seelenlehre zu finden ist, wird der Tod multipliziert in eine unzählbare Reihe von Übergängen aus dem einen ins andere Leben auf Erden. Das ist eine zusätzliche Depotenzierung des Endes, dessen unendliche Wiederholbarkeit den Ernst der Einmaligkeit völlig aufhebt. Man müßte sich daran gewöhnen können, wäre es möglich, die Reise durch die Existenzen in bewußter Identität zu erleben.

Letztes Meisterwerk des Lebens?

Der Anblick eine Leiche bietet wenig Anlaß zu dem Gedanken, der Verstorbene habe „aus seinem Tod das letzte Meisterwerk seines Lebens" gemacht. [14] Es könnte sein, daß er sein Sterben heldenhaft, selbstlos, liebend vollzogen, oder sich selbst getötet hat. Dann wäre der Superlativ verständlich. Aber wie kann der Zustand im Tod ein Meisterwerk des Menschseins sein? Gerade diese Leistung wird in einer Theorie behauptet, durch die der Tod als die vollkommenste Tat des Menschen definiert wird. „Im Tod eröffnet sich die Möglichkeit zum ersten vollpersonalen Akt des Menschen; somit ist er der seinsmäßig bevorzugte Ort des Bewußtwerdens, der Freiheit, der Gottbegegnung und der Entscheidung über das ewige Schicksal." [15] Die Gelegenheit zum höchsten Selbstvollzug des

Menschen ist im ersten Augenblick des Todes gegeben, im Moment, da die Seele aus der Bindung an den Körper heraustritt. Sie verfügt über sich selbst in letzter Entscheidung und macht ihr Dasein endgültig. Der Tod ist auch in dieser Sicht kein Bruch des Lebens, denn einmal dauert darin die Seele, durchaus nicht geschwächt, sondern zur vollen Realisation nun erst fähig, dann übertrumpft die Leistung, die sie in ihrer Entscheidung vollbringt, alles Erleiden der Trennung vom Leib, alle Ohnmacht. Der Tod beendet zwar die irdische Geschichte im Leib. Aber er berührt nicht die Geistseele in ihrer Freiheitsmacht, die, ähnlich wie im Denken Platos, im Tod vollkommen offenbar wird. Es ist weniger ein Ende als eine Erschließungssituation, in die der Mensch sterbend eingeht.

Der Ernst der Bibel

Das Evangelium der Bibel setzt gegen die Verharmlosung und Umdeutung des Todes den Ernst des Endes voraus. In langer, intensiver Einübung hat der Mensch dieser religiösen Option zu lernen, daß ihn der Tod ganz und für immer aus der Welt nimmt. Freilich, die Christen sind mit einer sicher tragenden Zukunft-Sprache ausgerüstet. Mächtige Worte, überzeugende Bilder stehen über allen Fragen, Zweifeln, Ungewißheiten: Auferstehung, ewiges Leben, Sein bei Gott, Leben mit Christus, Sitzen auf dem Thron der Herrlichkeit, Himmel, Hochzeitsmahl im

Reich Gottes, Schau von Angesicht zu Angesicht.
Leicht überspringt die Stärke der Versicherung den
Abstand, der in den Dokumenten des biblischen
Glaubens offen ist zwischen einer langen Zeit, in der
es keine Ausrichtung auf ein ewiges Leben gab, und
der Epoche des Neuen Testaments, die ganz durch
den Glauben an die Auferweckung von den Toten geprägt war. Im Raum der christlichen Gewißheit wird
kaum mehr realisiert, daß Abraham, der Vater unseres Glaubens, daß Isaak, Jakob, Moses, die Propheten
und Könige, die Beter der Psalmen, die namenlosen
Frommen Israels im Glauben an Jahwe, den einzigen
Gott, gelebt haben und gestorben sind, ohne eine heil-
volle Zukunft über den Tod hinaus zu erhoffen. Das
Grab war das Ende. Unbegreiflich lange hat das Volk
der Offenbarung an diesem Punkt verharrt. Wir verstehen nichts von diesem Sachverhalt, wenn wir aus
später Perspektive von unvollkommener, nur vorläufiger Erkenntnis sprechen, die längst überholt, für die
Zeit der christlichen Offnung ohne Bedeutung ist.
Waren die tausend Jahre der Geschichte Israels nur
leerer Anlauf auf den ersten Ostersonntag, Zeiten der
frustrierenden Vorenthaltung, ohne Gewinn an Erkenntnis, die für den Glauben an das ewige Leben
wichtig ist? Nein, alle Phasen der Hoffnungsge-
schichte sind wahr. Das Alte Testament ist mit seinem Halt vor dem Grab in dreifacher Weise unent-
behrlich für das Christentum, wenn es sich heute mit
seiner Zukunftserwartung verstehen und an die Zeit-
genossen vermitteln will.

Erstens erobert es die alles erfassende Wirklichkeit

des Todes, ohne die das Wort von der Auferstehung des Fleisches keine Dimension hat. Zweitens wehrt es in seiner Geduld und Abstinenz den schnell projizierenden Wünschen nach Dauer, Erfüllung und Identität. Drittens entwirft es die Struktur eines Hoffnungsweges, den wir auch heute noch gehen.

Das Nichtsein erschüttert das Leben

Wir erfahren aus der Bibel, in welcher Härte sie die Evidenz des Todes vor dem Menschen aufrichtet. Der Tod ist kein friedlicher Heimgang in die Natur, und die Negativität des Endes wird mit dem Bösen in Zusammenhang gebracht. Der Tod gehört in die Verfassung des Lebens. Die Natur ist für den Menschen nicht die göttliche große Mutter, in deren Schoß er träumend vergehen darf. Sie ist nicht der Sinnzusammenhang, in dem er seine Identität finden könnte. Zwar gehört er in die Natur, er ist mit ihr erschaffen, in Solidarität mit ihren Wesen verbunden. Aber zugleich ist das Verhältnis des Menschen zu ihr das der Ekstase, des Unterschiedes und der Fremde. Er wird Bild Gottes genannt (Gen 1,26–27), nicht Bild der Natur, ihrer Mächte und Strukturen. Der Mensch ist in der Natur das einzige Wesen, das sich in ihr und mit ihr bewußt auf Gott bezieht, biblisch ausgedrückt: das Wesen des Wortes. Dieses Gegenüber hebt ihn aus allem Naturbezug heraus. Daher trifft ihn auch der Tod anders als ein bloß natürlicher Vorgang. Die ungeheure, berükkende, alles überleuchtende Ästhetik der Natur versteckt den Tod, der in ihr geschieht. Sie scheint nur Leben zu sein. Im Menschentod wird der Schleier der Schönheit zerrissen, den sie über die Wahrheit zieht. Es geschieht Zerstörung und Vernichtung, alles durchstreichende Verneinung. Den Ansprüchen auf Sinn, Gerechtigkeit und Wahrheit, erst recht der Bitte um Liebe begegnet sie mit der kältesten Gleichgültigkeit: „Des Menschen Tage sind wie Gras, er blüht wie die Blume des Feldes. Fährt der Wind darüber, ist sie dahin; der Ort, wo sie stand, weiß von ihr nichts mehr." (Ps 103, 15–16). Der Mensch erfährt den Tod gemäß den Naturgesetzen, er erleidet ihn als der, den der Schöpfer vor sich aufgerichtet hat zum Wort, zur Erkenntnis, zum Recht und zur Liebe. Der harmlosen Naivität eines rein natürlichen Todes widerspricht die Bibel mit dem Wort, der Tod sei der „Lohn der Sünde" (Röm 6, 23), der „Stachel des Todes" sei die Sünde (1 Kor 15, 56). Das lautet so, als sollten wir glauben, die Tatsache, daß alle Menschen ein biologisches Ende nehmen, sei auf eine böse Tat zurückzuführen, der Tod das Ergebnis einer sittlichen Verfehlung. Das Böse, das vom Menschen ausgeht, verursacht nicht den naturgemäßen Tod, wohl aber wird er dadurch qualifiziert, faktisch zum Ausdruck der schuldhaften Realisation der Freiheit. Dasselbe menschliche Bewußtsein, das im höchsten Maß den Tod als das Fremde und Feindliche erkennt, ist imstande, diesen Tod aktiv zu übernehmen, als ureigene Absicht zu wiederholen. Der Mensch ist nicht nur der vom naturhaften Schicksal Getötete, sondern immer

auch, von Anfang an, der Töter, der bewußte Voll-
bringer des Endes. Daß der Tod die Sünde ausdrückt
und die Sünde den Tod zur großen Potenz erhebt, ist
deshalb möglich, weil die Struktur gleich ist. Was im
Tod auf naturhafter Ebene geschieht, vollzieht die
Sünde auf der personalen: die *nichtende Trennung*. So
wendet sich der Mensch gegen seine eigene Zukunft.
Das Dogma Epikurs, der das Ende völlig aus dem Menschen herausversetzte, wird durch die Auffassung der
Bibel bestritten. Der Weg, der zur vollen Identität
führt, verläuft dramatisch, im ganzen Risiko einer
Freiheit, die der Drohung des Scheiterns wie der Ver-
heißung des Gelingens ausgesetzt ist. Der Tod geht
den Menschen an, weil das Leben angeht. Die Totenklage ist viel mehr als das Bedauern, daß dem Abge-
schiedenen möglicherweise Schlimmes geschieht. Ra-
chel weint um ihre Kinder, weil *sie nicht mehr sind*
(Jer 31, 15). Das Nichtsein bedrängt und erschüttert
das Leben, besonders und intensiv dann, wenn der
Tod ein Liebesverhältnis zerrissen hat. Der Liebe geht
es nicht um ein zufälliges Befinden, sondern zuerst
um das Sein. Die Theorie der totalen Gelassenheit
muß in ihrer Konsequenz dem Individuum das Recht
nehmen, von der Vernichtung des anderen Menschen
betroffen zu werden. Die Angst vor dem Tod wird
durch das Nichts nicht grundlos, sondern erst recht
hervorgerufen und groß. Man hat zu wählen zwischen dem Ideal der stillgelegten, durch nichts mehr
bewegbaren Seele [16] und einem Beziehung-Sein höch-
ster Erregung, wie es die Bibel zumutet. Das Leben
selbst ist tödlich, weil es von der Geburt weg endlich

verfaßt ist, in genauer Programmierung der einge-
räumten Zeit, wie wir heute wissen. Das nichtende
Moment ist längst da, ehe der Tod eintritt, denn wir
kennen die Abschiede, die unsere lebendigen Bezie-
hungen immer wieder unterbrechen, die endgültigen
Trennungen, die uns vorher überfallen. Wir wissen
um die Vergeblichkeiten im voraus zu unseren Absichten und Versuchen. Die zeitliche Verfassung des
Lebens ist erfahrbar auf den Tod gerichtet. „Und diese
Richtung ist stetige Aufzehrung des lebbaren, als zu-
künftig gegebenen Lebens durch gelebtes Leben und
seine Nachwirksamkeit. Die Richtung ist also Wachs-
tum des Umfanges des Vergangenseins auf Kosten des
Umfanges von Zukünftigsein und ein steigendes
Differenzbewußtsein dieser beiden Umfänge zugunsten des Vergangenseinsumfangs. In dieser Wesens-
struktur jedes erfahrenen Lebensmoments ist es nun
das Richtungserlebnis dieses Wechsels, das auch Er-
lebnis der Todesrichtung genannt werden kann."[17]

Kein Wort für die Lebenden

Die uralte und sehr begreifliche Wißbegier, die In-
formationen nicht über das Totenreich, sondern aus
diesem zu beschaffen versucht, ist immerhin vom
Marxisten Ernst Bloch[18] recht verständnisvoll kom-
mentiert worden. Wir verstehen den Wunsch, dem
Geheimnis des Grabes Erkenntnisse abzugewinnen,
um die drohende Unheimlichkeit aufzulösen, vielleicht aus den verborgenen Bewegungen unserer ei-

genen Seele. Wer hat nicht beim Tod geliebter Menschen versucht, gegen alle Wahrscheinlichkeit Fäden der Kommunikation zu spinnen? Wer möchte dann nicht wissen, wo der Verstorbene ist, wie er sich befindet? Zumindest gehen die Gedanken, Phantasien und das Verlangen, zu ihm hinlangen zu können, wer weiß wie lange gegen die unsichtbare Wand des Todes. Wäre es nicht außerdem ein großes Stück Freiheit, wenn man endlich klipp und klar auf Grund von verläßlicher Erfahrung und entsprechenden Berichten wüßte: Es gibt wirklich eine Zukunft jenseits des Todes, oder: Es gibt keine? Wer mag da hochmütig lächeln über die Expeditionen in das Jenseits, von denen die mythische Überlieferung weiß, die auch in der Geschichte der christlichen Frömmigkeit ihre Entsprechungen haben? Wir fragen lieber ganz nüchtern: Was sind die Nachrichten wert, die in diesen Erkundungen gewonnen werden?

Wer sich konsequent an den Quellen des christlichen Glaubens orientiert, muß sagen: Das Wissen aus der Kommunikation mit der Totenwelt ist gleich Null, denn es gibt diese Kommunikation nicht. Die Bibel hat wie alle Religionen der Alten Welt das Totenreich im unteren Teil des Kosmos plaziert. So gehört es der Vorstellung nach in das Raum-Zeit-Schema, in dem sich auch die Lebenden aufhalten. Gegenüber der religiösen Umwelt, in welcher der Verkehr zwischen Lebenden und Toten, wenngleich zweideutig beurteilt, leicht möglich und häufig war, hat der biblische Glaube vor der Scheol eine qualitative Schranke errichtet. Das Totenreich ist nicht betretbar. Die Berührung eines Toten macht in besonders intensiver Weise unrein (Num 19,11ff). Obwohl kosmographisch mit der Erde verbunden, ist der Aufenthalt der Toten anders, abgetrennt, nicht im Sinne einer heiligen oder gar göttlichen Macht, wohl aber als Zone der Lebensferne. Es gibt keinen Kult der Ahnen oder der Toten. Die Verbote hierzu sind von drastischer Deutlichkeit.[19] Im besonderen galt die Nekromantie als Verstoß gegen die Heiligkeit Jahwes, bei dem allein Wort und Weisung zu suchen war. „Wenn man euch sagt: Befragt die Totengeister und Zauberkundigen, die flüstern und murmeln!, dann erwidert: Soll ein Volk nicht lieber seinen Gott befragen? Warum soll man für die Lebenden die Toten befragen? Lehre und Warnung: Wer nicht so denkt, für den gibt es kein Morgenrot" (Jes 8,19–20). Nicht nur die numinose Macht des Todes wird verneint, wichtiger ist, daß die Toten kein Wort haben für die Lebenden. Von dort kommt kein bedeutsames Wissen.[20] An keiner Stelle der Bibel wird von einer Hadesreise erzählt, und die Vergewisserung über ein jenseitiges Leben geschieht weder im Alten noch im Neuen Testament durch Erfahrungsberichte aus dem Totenland. Das ist nicht bloß Skepsis, sondern Ablehnung des Gedankens, über die Grenze des Todes hinweg gebe es Mitteilung. Der Tod beendet das Wort für immer. Wenn von Totenwerweckungen erzählt wird[21], widerspricht das keineswegs der Meinung, der Tod sei für den Menschen unumkehrbares Ende. Diese Wunder haben theophanen Charakter. Gottes Macht über Leben und Tod wird demonstriert, die auch von dieser

Grenze nicht beschränkt werden kann. Lebenden Menschen wird seine liebende Fürsorge geoffenbart. Aber keiner der Erweckten wird nach dem Jenseits befragt oder erzählt davon. Im übrigen heben solche Ereignisse das Gesetz des Todes nicht auf, denn alle Erweckten werden wieder sterben. Das Wunder wird nicht an derselben Leiche wiederholt, und nach der Episode der Wiederbelebung bleibt sie für immer liegen. In der Legende haben diese Mirakel häufig die Funktion, die Endgültigkeit des Endes zu verzögern, damit der zu rasch Verstorbene noch Gelegenheit zur Buße erhält und die fürbittende Macht des Heiligen bewiesen werden kann, der um seine Intervention angegangen wurde. Gerade so wird das Ende betont. Ehe du dich versiehst, sagt die Moral der Geschichten, kommt das Aus, das dir alle Möglichkeiten nimmt.

Die Berichte von Menschen, die reanimiert wurden, sind deshalb ohne Bedeutung, weil kein einziger davon wirklich tot war, sondern höchstens aus einem weit fortgeschrittenen Sterbeprozeß wieder aufgeweckt werden konnte. Der Tod unterbricht endgültig jeden Dialog, allen Austausch des Lebens.

Reduziert auf den Schatten

„Ein lebender Hund ist besser als ein toter Löwe. Und: Die Lebenden erkennen, daß sie sterben werden; die Toten aber erkennen überhaupt nichts mehr. Sie erhalten auch keine Belohnung mehr; denn die Erinnerung an sie ist in Vergessenheit versunken. Liebe, Haß und Eifersucht gegen sie, all dies ist längst erloschen. Auf ewig haben sie keinen Anteil mehr an allem, was unter der Sonne getan wurde. Denn es gibt weder Tun, noch Rechnen, noch Können, noch Wissen in der Unterwelt, zu der du unterwegs bist" (Koh 9, 4–6.10). Alles wird durchgestrichen, was einmal das Leben einer Person war. Der Tod erfaßt nicht nur den ganzen Menschen – das sagt auch die platonische Tradition – , er nimmt den Menschen ganz, in allen Schichten seines Seins. Das eben gebrachte Zitat ist kein extremer Satz eines einzelnen Skeptikers. Bis in die hellenistische Zeit beschreiben die biblischen Texte das Totsein in dieser Art, und das Neue Testament setzt die frühe Überlieferung des Alten Testamentes voraus, schließt sich nicht der griechischen an. Es sind hauptsächlich zwei Aussagen, welche die alte biblische Sicht des Todes bestimmen: Der Mensch wird auf den Schatten reduziert. Das ist nicht eine Tat, die er vollbringen, sondern ein Widerfahrnis, das er nur erleiden kann. [22]

Der Tod löscht den Menschen nicht ganz aus, der Verstorbene dauert weiter als ein beraubtes Wesen, als Schatten. Er ist wie die Verdunkelung, die eine lebendige, leibhafte Gestalt im Lichte stehend auf die Erde wirft, eine Art Negativ des Daseins. Im Tod löst sich vom Menschen, und zwar von seiner ganzen Person, ein Bild los, sinkt in die Unterwelt und bleibt dort: Es ist nicht ein Teil, etwa die Seele des Menschen, es stellt ihn ganz dar, in einer schemenhaften Verdoppelung, immer bezogen auf das Grab, das die Gebeine, das Substrat des Schattens, enthält. Das Negativ des Lebens west in der Unterwelt, hebräisch Scheol genannt. „Der hebräische Ausdruck Scheol bedeutet wahrscheinlich das Nicht-Land, das Un-Land, den Bereich, in dem es nichts Wirkendes, Aktives, Dynamisches gibt und der daher im hebräischen Sinne nicht ‚ist'."[23] Es ist ein Zustand der totalen Kraftlosigkeit, die jedes Wirken ausschließt. Im hebräischen Denken wird die Realität vorwiegend als Energie, Tat und Macht angesehen. Kraftlosigkeit bedeutet also Annäherung an das Nichts, oder eben das Nichts. Weder eine Kommunikation der Schatten untereinander, noch ein Wissen um die Vorgänge in der Welt der Lebenden ist mehr möglich. Es ist ein Zustand der Erstarrung, denn die Schatten dauern weiter in der Lage und Befindlichkeit, in der sie der Tod getroffen hat, für immer eingeschlossen in dem, was sie in diesem Augenblick gewesen sind, eine gespenstische, ewig auf die Vergangenheit fixierte zweite Welt, die sich nicht mehr ändert, aber ständig wächst.[24] Die Schatten befinden sich in einem Zustand der Gottferne. Sie sind Wesen, die aus dem Machtbereich Gottes ausgeschieden sind, aus dem Bereich seines Wortes, seines Leben schaffenden Geistes und seines Gedächtnisses, das alles Leben garantiert. „Wirst du an den Toten Wunder tun, werden Schatten aufstehn, um dich zu preisen? Erzählt man im Grab von deiner Huld, von deiner Treue im Totenreich? Werden deine Wunder in der Finsternis bekannt, deine Gerechtigkeit im Land des Vergessens?" (Ps 88, 11–13). Nein, nichts davon gilt mehr im Tod, denn das Lebensverhältnis ist gerissen, das Urverhältnis Gott-Mensch scheint aufgehoben zu sein. Gott selbst findet kein Gegenüber mehr am Schattenort. Man könnte, meint Ijob in seiner Empörung, wenigstens dorthin von seiner erdrückenden Aufmerksamkeit fliehen: „Nunmehr lege ich zum Staub mich nieder, und suchst du mich, so bin ich nicht mehr da." (7,21). Da kann keine Rede sein von Tat, Leistung oder Kunstwerk.

Das hieße doch höchste Kraft der Gestaltung, der Aneignung und Verinnerlichung dieses Geschehens. Die Freiheit wäre in der Lage, auch das noch an sich zu nehmen, was als ihre Grenze gesetzt ist, es zu einem Teil der Identität zu machen und an diesem äußersten Ort zu triumphieren. Es könnte ihr gelingen, selbst zu sein, wo das Sein verloren geht, den Akt unüberbietbarer Emanzipation zu vollbringen. Ohnmacht wäre in Macht verwandelt, Fremde Heimat geworden. Die Bibel spricht nicht vom Kunstwerk Tod, sondern vom Entzug aller Kraft, von der Grube, in welche die Chaoswasser stürzen, vom Verschlungenwerden, Verloren- und Verfallensein, vom Schlaf im Staub, von der Hoffnungslosigkeit. Sie verspricht dem Menschen für diesen Augenblick auch nicht, er werde sich dann erst recht ganz erfassen, sein Leben an sich reißen können. In den Sätzen, die Aussicht öffnen, wird nur Gott genannt, geschieht der Appell an seine Wundermacht, und die Hoffnung hängt, wenn sie erscheint, allein am Schöpfer des Lebens. Ist die Schrift damit nicht genauer bei dem, was wir sehen und erleben, während der Tod die Menschen um uns befällt und wir noch übrigbleiben? Das 20. Jahrhundert hat Ideen geboren und die nötigen Techniken dazu entworfen, die es erlauben, den Tod in einem Maß zu industrialisieren, das alle Grausamkeit der vergangenen Jahrhunderte in den Schatten stellt. Wer mag vom Kunstwerk des Todes reden, von seiner Eigentlichkeit, wenn er die Bilder aus Birkenau sieht, aus Treblinka, Auschwitz, Kambodscha und Uganda? Der Hunger läßt keinem Zeit und Kraft, seine Freiheit auszugebären. Die mit bürokratischer Genauigkeit arbeitende Tötungsmaschine im Dritten Reich war so konstruiert, daß sie den Opfern alles nehmen sollte, was an ihnen Person war. Sie wurden restlos quantifiziert und auf die wirtschaftlich nutzbaren Teile ihrer Physis zerlegt. Technik und Chemie machen Massenvernichtungen von sekundenhafter Plötzlichkeit möglich, die alle humane Muße verschlingt, in der die Freiheit sich zum Tod wenden kann. Und die Natur selbst: Es gibt zwar keine Statistik über die Arten des Sterbens im Bett, aber was wir aus der begrenzten Erfahrung unserer Lebenswelt wissen, legt den Schluß nahe, daß die entschlossene Bewußtheit im Sterben zu den Privilegien gehört, deren sich manche erfreuen, während so viele in Lähmung und Dämmerung vergehen. Das ist gewiß alles Beobachtung von außen und schließt die Möglichkeit, daß das Kunstwerk im verborgenen Innenraum des heil gebliebenen Geistes geschieht, nicht aus. Die Bibel sieht allerdings an der Erscheinung die Wahrheit des ganzen Vorgangs. Der Tod widerfährt als Schicksal und nur so fordert er das freie Verhalten des Menschen heraus. Er versetzt in die unterste Ohnmacht, die sich denken und vorstellen läßt. Die Scheol ist mit Tor und Riegel verschlossen [25]. Es gibt, sagt die Metapher, keine sich selbst befreiende und vollendende Kraft im Tod. Der Tote ist in unbedingter Passivität gefangen. Da ist keine Zukunft mehr, im Toten ist nichts, was sie begründen könnte. „Ich habe keine Hoffnung, die Unterwelt wird mein Haus, in der Finsternis breite ich mein Lager aus. Wo ist dann meine Hoffnung und wo mein Glück? Wer kann es schauen?" (Ijob 17, 13.15).

Mut zur Spannung

Der Schatten ist keine mächtige Seelensubstanz, kein unzerstörbares Lebensprinzip, so viel ist klar. Aber was ist er dann? Ist das Schattensein vom Nichts zu unterscheiden? Es handelt sich wohl um eine Metapher der Paradoxie. Der Schatten ist nicht das pure Nichts absoluter Nichtexistenz, ebensowenig meint das Bild wirkende Dauer, Leben, Sein. Es bietet eine Hilfsvorstellung, um sowohl das Nichtsein der Toten wie ihr Gewesensein ausdrücken zu können. Daß sie lebendig da gewesen sind, wirklich existiert haben, kann nicht und nie mehr verneint werden. Dieses Dasein ist jedoch von sich her ganz erschöpft. Es gibt vom Leben aus keine Möglichkeit mehr. Es verschwindet im Tod an die äußerste Linie, an der es als gewesenes noch sichtbar, als gegenwärtiges nicht mehr wirklich ist. Auf dieses Totsein bezieht sich Paulus, wenn er schreibt: „Wenn aber Christus nicht auferweckt worden ist, dann ist euer Glaube nutzlos, und ihr seid immer noch in euren

Sünden; und auch die in Christus Entschlafenen sind dann verloren. Wenn Tote nicht auferweckt werden, dann laßt uns essen und trinken; denn morgen sind wir tot" (1 Kor 15,17.18.32). Diesen Tod hatte Jesus vor sich, als ihn die Angst überfiel, als er im Schrei am Kreuz seine Gottverlassenheit beklagte (Mt 27,46).

Die Bibel bleibt erstaunlich nahe bei dem Eindruck, den die Leiche macht. Wenn der Mensch stirbt, gerät er nicht an eine der vielen vorläufigen Grenzen, an die er in seinem Leben immer wieder stößt und die er in der Kraft seines Elans in irgendeiner Weise überschreitet. Hier erlebt er nicht eine Herausforderung, sondern unterliegt einer Überwältigung. Im Tod endet der Mensch unbedingt. Das Ende zerstört ihn. Es ist deshalb von anderer Art als alles natürliche Vergehen, weil es der Mensch in seine Bosheit aufnimmt. So sitzt der Tod schon in der Struktur des wirklich gelebten Lebens, ereignet sich nicht erst an der Grenze der verfügten Zeit. Als unumkehrbares Geschick der nichtenden Trennung vernichtet dieses Ende alle Möglichkeiten der Kommunikation. Die Negation, die den Menschen überfällt, läßt nichts an ihm aus, trifft ihn als Person. Die Ohnmacht ist ohne Ausweg und ohne Zukunft.

Dabei bleibt es, vom Menschen aus, wenn nicht das Wunder geschieht, daß eben im Horizont, wo das Leben verschwindet, der Geber des Lebens erscheint. Kann es nicht sein? Israel hat mit dem Ja lang gewartet. Der Schrecken vor dem Ende, Todesangst und Totenklage, die Empfindung der harten Endlichkeit, bezeugen ein Bewußtsein, das die äußerste Evidenz des Todes nicht gescheut hat. Die heftigste Innigkeit zu Gott, der so leicht zum alles überflutenden Überschwang des Glücks gemacht wird, hat diese Frömmigkeit nicht dazu verführt, in der Glut der Nähe die Wahrheit der Endlichkeit verschwinden zu lassen, die Wahrheit des Todes. Im Gegenteil, die Erfahrung der Gegenwart Gottes war verbunden mit der immer schärferen Entdeckung, auf der Erde zu sein, im Abstand zu leben, in den Staub zu gehören: „Auch wenn mein Leib und mein Herz verschmachten, Gott ist der Fels meines Herzens und mein Anteil auf ewig" (Ps 73,26). Im beispielhaften Mut zu dieser Spannung liegt die Gewähr, daß die Wahrheit des Endes nicht zur Verzweiflung führt und das mögliche Wunder einer neuen Zukunft nicht zum Opium werden muß.

II

Das plausible Wunder
der neuen Schöpfung

Die Not des Todes hat nicht nur beten gelehrt

Solange wir leben, wissen wir nichts über das Totsein, prallt unser Wille daran ab, ist jede Tat vergeb-
lich, die sich auf die Überwindung dieses Zustandes
richtet. Die Bemühungen um die Verlängerung des
Lebens zählen nicht. Der Tod wäre die Aufgabe. [26]
Wenn wir tot sind, befinden wir uns in der Ohnmacht, in der wir nichts können, zurückgeworfen
in die Bedürftigkeit nach dem Sein, aus der keine
Selbsterhebung möglich ist. Wir können uns, weder
als einzelne noch als Menschheit, die Zukunft jenseits des Todes nicht geben, wenn sie mehr sein
soll, als Andenken der Überlebenden, als ein Fort-
dauern in den Kindern, nämlich eine personale
Identität, die den großen Abbruch übersteht. Dafür
gibt es unter den Menschen keine Kompetenz und
keine Macht.

Die Verurteilung zur reinen Passivität hat freilich
die Menschen nicht gleichgültig gelassen. Die Ge-

schichte aller Kulturen bezeugt den Kampf mit dem unverrückbaren Faktum des Endes und die Reaktionen auf die Ohnmacht davor. Die Not des Todes hat vieles gelehrt, nicht nur beten, sondern auch fluchen und schamlos, wehleidig winseln; nicht nur Demut, sondern auch Aufruhr und Zorn; nicht nur Sehnsucht nach dem Leben, sondern auch Müdigkeit und Aufkündigung des Willens zur Zukunft, tiefen Verdruß daran, ungefragt in der schmerzenden Einzelheit existieren zu müssen; nicht nur die Solidarität der Sterblichen, sondern auch die Lust, andere damit erpressen zu können, ihnen unter dem Druck des Unheimlichen die Zustimmung zur Religion abzunötigen; nicht nur Ergebung in den fremden, verfügenden Willen, sondern auch das Denken; nicht nur Verzicht und Kapitulation, sondern auch Arbeit. Es muß hier nicht entschieden werden, ob wirklich alle Kultur aus dem menschlichen Todeswissen hergeleitet werden kann, ob besonders die philosophische Reflexion daraus entspringt, „dessen reinste und schärfste Ausprägung"[27] ist. Wir stellen nur fest, daß im Kampf mit der Not des Todes die entscheidende Vergewisserung über die conditio humana geleistet worden ist.

Vergewisserung über die conditio humana

Die unabweisbare Wahrheit des Endes stellt den Menschen in Frage, das heißt: mit dem Bewußtsein seiner selbst, überfällt ihn die Evidenz des Todes, entzieht ihm alle naturhafte Selbstverständlichkeit und zerstört die Illusion ungebrochener Identität. Dem triumphalen *ich bin* gesellt sich die katastrophale Einsicht: *Ich werde nicht sein* und erzeugt jenes labile Gleichgewicht zwischen Dasein und Bedrohung, aus dem es kein Entrinnen in den stabilen Stillstand des Seins gibt. Die Frage: *Adam, wer bist du?* bezieht daraus ihre elementar beunruhigende Macht. Sie läßt sich weder eliminieren noch durch ein finales Wort beenden.[28]

Die Weigerung, den Tod einfach gelten zu lassen, ist das Kennzeichen der menschlichen Kultur. Daß das Einverständnis mit dem absoluten Ende nicht gegeben ist, sondern gegen einen ursprünglichen Protest gewonnen werden muß, zeigt noch die Anstrengung der Reflexionen, die das ganz natürlich zu nehmende Erlöschen nahelegen wollen. Es bleibt ein Widerstand im Zentrum aller Interessen des Lebens. Auch bei Adorno steht es zu lesen: „Gleichwohl ist der Gedanke, der Tod sei das schlechthin Letzte, unausdenkbar. Versuche der Sprache, den Tod auszudrücken, sind vergebens bis in die Logik hinein; wer wäre das Subjekt, von dem da prädiziert wird, es sei jetzt, hier, tot. Nicht nur die Lust, die, nach Nietzsches erleuchtetem Wort, Ewigkeit will, sträubt sich gegen Vergängnis. Wäre der Tod jenes Absolute, das die Philosophie positiv vergebens beschwor, so ist alles überhaupt nichts, auch jeder Gedanke ins Leere gedacht, keiner läßt mit Wahrheit irgend sich denken. Denn es ist ein Moment von Wahrheit, daß sie samt ihrem Zeitkern dauere; ohne alle Dauer wäre keine, noch deren letzte Spur verschlänge der absolute

Tod."[29] Der Impetus der Weigerung enthält einen Anspruch, der den Tod positiv relativiert, auf ein Sein bezieht, das seine nichtende Gewalt aufhebt, in irgendeiner Weise. Die Existenz in der Welt ist hoffnungsvoll, nicht nur in einzelnen konkreten Vollzügen von Erwartungen bestimmt, sondern selbst als Hoffnung strukturiert. Es ist nicht zu leugnen, daß die konkrete Artikulation dieser Dimension des Lebens sehr unterschiedlich geschehen ist und geschieht.[29a] Aber auch für das Alte Testament gilt, daß das Vakuum des Todes, in langer eindringlicher Anschauung vor Augen gehalten, umfaßt bleibt von einem Verhältnis zu Jahwe, aus dem schließlich die Ausdrücklichkeit einer todüberbietenden Hoffnung entwickelt werden konnte. Die Erschließung der Struktur *Hoffnung* im Menschenleben kann nicht den Charakter eines Beweises haben, als wäre es möglich, innerhalb der weltlichen Erkenntnisbedingungen eine Evidenz über das Sein nach dem Tod herzustellen. Auch Plato hat wahrscheinlich seine Gedanken zur Sache nicht in diesem Sinn gemeint.[30] Eine Kritik, die von vorneherein solche Absichten unterstellt, geht daneben, aber ebenso die fromme Meinung, der Satz aus dem Credo: *Ich glaube an die Auferstehung des Fleisches* dulde keine Befragung auf seine positive Bedeutung für das Selbstverständnis des heute lebenden Menschen. Wie anders könnte denn der Verdacht, der auf die Dauer alles vernichtet, wirkungsvoll zurückgewiesen werden, es handle sich um einen völlig zufälligen Mirakelsatz, der aus irgendeiner Willkür stammt, willkürlich vorgesetzt wird und nur denen etwas sagen kann, die ihr Wahrheitsgewissen der Willkür beugen? Müßte nicht die Glaubensrede, nicht nur im Christentum, sondern auch in den anderen Religionen, dem Menschen gegenüber peripher werden?

Hoffnung über den Tod hinaus:
Wahrheit oder Illusion?

Wie ließe sich aber auch verstehen, daß die Verheißungen der Religionen durch die ganze Geschichte bis heute in so hohem Maß einleuchten, als Erfüllung des ureigenen menschlichen Anliegens? Die Urteile, lautend auf sich selbst täuschendes Bewußtsein, „tröstlichen Trug"[31], liegen prompt bereit, in tradierten Formeln jedem als leichte Erklärung zugänglich. Da ist eine Herausforderung, die nicht nur im Interesse der Religionen selbst angenommen werden muß. Ganz allgemein betrachtet hat die Gesellschaft ihren Gewinn davon, sofern sie sich selbst verstehen will, wenn die Chance kritisch wahrgenommen wird, den Wahrheitsgehalt solcher Überzeugungen zu erhellen. Es muß ihr daran liegen, gegen den Zusammenhang der fraglos herumgesagten Verneinungen die Möglichkeit zu schützen, bedeutsames Wissen zu gewinnen. Die Aufklärung hat doch auch den Sinn, die Situation der Wahrheit gegen alle Schließungen offen zu halten, die nicht selten unter ihrem Titel verfügt werden.

Ich fasse das, was nach meiner Meinung für eine

konstitutive Ausrichtung des Menschen auf eine Zukunft jenseits des Todes spricht, in Thesen. Das muß
hier genügen. Die vom Platonismus repräsentierte
Überlieferung hat, wie schon erwähnt, die Unsterblichkeit des Menschen dadurch plausibel zu machen
versucht, daß sie die geistige Seele als Substanz defi-
nierte, die in wesenhafter Unabhängigkeit vom Leib
da ist und vom Leib getrennt existieren kann, ohne in
ihrem Sein gemindert zu werden. Aus zwei Motiven
kann das nicht der Ansatz sein, aus dem die folgenden
Sätze zu verstehen sind. Einmal hat die neuere Anthropologie mit guten Gründen und gestützt auf die
Erkenntnisse der Humanwissenschaften, das Modell
des Dualismus verworfen.[32] So ist die Eigenart des
Menschen inmitten der anderen Lebewesen nicht adäquat zu erfassen. Die Qualität, die ihn anders macht,
von allen anderen abhebt, teilt den Menschen nicht,
sondern bestimmt ihn selbst in seiner Ganzheit und
ist so der Grund dafür, daß er sich in unverwechselba-
rer Weise zur Welt verhält. Die biblische Auffassung
vom Menschen, im Alten wie im Neuen Testament,
stimmt mit dieser Sicht in hohem Maß überein.[33] Es
hat sich zweitens in der christlichen Theologie ge-
zeigt, daß der Begriff einer Seele, die vom Leib getrennt existiert, eine Konstruktion der Verlegenheit
ist, die mehr Probleme schafft als löst.[34] Unter dieser
Voraussetzung sind die folgenden Thesen zu verstehen.

1. Der Mensch ist als Person Hoffnung über den Tod hinaus. Als Subjekt des geistigen Bewußtseins und der freien Selbstbestimmung ist er aus den Zusammenhängen der Natur und der Welt zu einem *Zweck an sich selbst* herausgehoben. Er ist niemals bloßes Mittel für andere Ziele oder Funktion fremder Interessen. Alles Leiden an der Beschädigung und Vernichtung des Menschenlebens, alle Anstrengung, die Verhältnisse zu humanisieren, sind auf diese unbedingte Geltung des Menschen bezogen. Er lebt, indem er sich über alle Reduzierungen zum Ding hinweggesetzt weiß und diese Vorgabe aktiv einzuholen versucht. Die Vorgabe kann weder der Mensch selbst, noch die Gesellschaft oder die Natur leisten. Das läßt den Schluß zu, daß er sich einem absoluten Grund verdankt, der ihm über den Tod, die endgültige Verdinglichung, hinaus, personales Sein garantieren kann. [35]

2. Der Mensch ist als sozial verfaßtes und sozial handelndes Lebewesen Hoffnung über den Tod hinaus. Als Person ist er immer auf andere menschliche Personen bezogen, wird er selbst, indem er sich zu anderen verhält, im Austausch der lebensnotwendigen Bejahung. Das daraus entspringende Handeln in sozialer Mitteilung ist bestimmt von der gegenseitigen Anerkennung, daß der andere ein *Zweck an sich selbst* ist. So ist auch hier ein Moment der Unbedingtheit gegeben. Der andere wird noch im Tod gegen die mögliche Vernichtung festgehalten. Sowohl die Meinung, das „letale Nichts"[36] könne im Bewußtsein der Klasse oder der Gattung bewältigt werden, wie die Empfeh-

lung, sich dem System der Natur anheimzugeben, verfehlt das im sozialen Verhalten gegebene Interesse, führt geradezu zur Fixierung des Nichts.[37] Der Vorgriff auf eine den Tod überwindende Wirklichkeit wird besonders deutlich in der Mühe um die Gerechtigkeit und um die Liebe. Die Verwirklichung des Rechtes zwischen den Menschen, die Vermittlung dessen, was jedem zukommt, wird vom Tod unterbrochen. Das verweist auf einen übergeschichtlichen Ausgleich, weil die menschliche Person ihre volle Identität nur im endgültigen Austrag des Rechtes erlangen kann. Im Tun der Liebe, die Menschen aneinander bindet, geschieht eine Option auf das Sein des Geliebten, die auch gegen die Evidenz des Todes festgehalten wird. Das Ereignis der Liebe zeigt klarer als alle anderen fundamentalen Vollzüge des Lebens, daß der Mensch einer Zukunft über das Grab hinaus bedürftig und fähig ist.[38]

3. Der Mensch ist Hoffnung über den Tod hinaus, weil er nur im Verlangen nach unbedingtem Sinn leben kann. Das ist die Möglichkeit, sich im Selbstbezug und im Bezug auf alle anderen in unüberholbarer Übereinstimmung zu finden. Alle Verwirklichungen, die in der Welt möglich sind, bringen Sinn, allerdings nur in vorläufiger Weise. Im theoretischen wie im praktischen Verhalten ist ein Bezug auf die Zukunft mitgesetzt, in der die vollkommene Gegenwart des Sinngrundes erscheint. Das schließt nicht nur das Postulat ein, daß die Negation des Todes überwunden wird, sondern auch die Hoffnung, der Tod könne

dann im Zusammenhang des absoluten *Ja* verstanden werden.[39]

Das berechtigt uns zu der Behauptung, daß die Möglichkeit einer Zukunft jenseits des Todes dem Leben vor dem Tod entspricht, also keine fremde Zutat ist oder notwendig den Illusionen zugerechnet werden muß. Dabei ist wohl zu beachten, wie die Situation des Menschen aus dieser Perspektive aussieht. Die Ekstasis des Lebens auf die abolute Zukunft, der Ausstand ins Unendliche ist gebunden an die endliche Kraft des Menschen hier auf der Erde. Er bezieht sich im Denken, Handeln und in der Liebe auf einen Horizont, den er nie erreichen kann. Es gibt drei Möglichkeiten, sich in dieser Lage zu verhalten. Erstens kann der Versuch gemacht werden, den Horizont selbst hereinzuholen, den Sinngrund aus eigenem zu produzieren. Das geschieht in allen Systemen der aktiven, totalen Sinnbeschaffung. Zweitens kann der Entschluß gefaßt werden, den Ausstand leer zu lassen, wie in agnostischen oder atheistischen Weltanschauungen. Drittens kann sich der Mensch auf das mögliche Wunder beziehen, daß sich der Sinngrund selbst gibt. Ohne die zwei zuerst genannten Möglichkeiten zu diskutieren, wende ich mich gleich der dritten zu. Denn es ist klar, daß das Christentum als Religion nur innerhalb dieser verständlich ist. Der Begriff *Wunder* sei in einem weiten Sinn gebraucht, dafür, daß die Zukunft unableitbares, freies Kommen des *ganz Anderen* ist, die Qualität der Gabe und auch der überbietenden Überraschung hat. *Plausibel* ist es, weil es so dem hiesigen Leben entspricht und es erfüllt. Für die

Christen ist Jesus die Person, in der sich das Wunder der todüberwindenden Zukunft ereignet, unableitbar und überraschend in seiner einzelnen Tatsächlichkeit, einleuchtend im Sinn, den es der vorläufigen Existenz vermittelt. Um den Grund der Hoffnung, von der das Christentum spricht, plastisch beschreiben zu können, will ich zwei Texte gegenüberstellen und vergleichen.

Friedrich Hölderlin: Hyperions Schicksalslied

Ihr wandelt droben im Licht
Auf weichem Boden, selige Genien!
Glänzende Götterlüfte
Rühren euch leicht,
Wie die Finger der Künstlerin
Heilige Saiten.

Schicksallos, wie der schlafende
Säugling, atmen die Himmlischen;
Keusch bewahrt
in bescheidener Knospe,
Blühet ewig
Ihnen der Geist,
Und die seligen Augen
Blicken in stiller
Ewiger Klarheit.

Doch uns ist gegeben,
Auf keiner Stätte zu ruhn,
Es schwinden, es fallen

Die leidenden Menschen
Blindlings von einer
Stunde zur andern,
Wie Wasser von Klippe
Zu Klippe geworfen,
Jahrlang ins Ungewisse hinab.[40]

Das Verhältnis der heiligen Macht zum Menschen auf der Erde ist das eines scharfen Kontrastes. Das Sein der Himmlischen ist nicht einmal entrückt. Das klänge noch zu sehr nach Anstrengung, sich vom Irdischen weghalten, abheben zu müssen. Sie sind einfach oben, die Lichtaura umgibt sie, die volle Evidenz verläßlicher Wirklichkeit. Sie sind leicht und mühelos da. Nichts trifft und bedingt sie von außen; niemals verlassen sie den reinen Anfang, der sie für immer bleiben. Sie haben keine Geschichte. In ungestörter Helle sind sie sich selbst gegenwärtig. Sie schauen nicht auf anderes, auf das sie sich beziehen müßten, das ihre Teilnahme rufen könnte. Sie blicken gegenstandslos, wie ein ruhiger Wasserspiegel: bewegungslose, auch wortlose, überzeitliche, durchsichtige Präsenz, nicht vor anderen oder für andere, sondern ganz in sich, richtungslos in sich dauernd, selig also. Dagegen die Menschen auf der Erde: Was sie sind und erleiden, ist gegeben, verfügt von außen, jenseits ihres Willens. Sie sind dem, was ihr Dasein bestimmt, fremd. Verurteilt zu gefährlicher Ruhelosigkeit, ist ihre Existenz hinabgerichtet, ein Sturz ins Ungewisse. Die Menschen *leiden*, denn sie werden wie ein Naturding geworfen, sie vergehen, sie fallen, blindlings, ohne die Verhältnisse durchschauen zu können, aber das Geschehen empfindend, der ortlosen Finsternis, dem Tod, entgegen. Ein einziges kurzes Wort verbindet die zwei Teile des Gedichts: *Doch.* Es leitet die Schilderung des irdischen Zustands ein, dient aber nicht der Behauptung, die Himmlischen hätten das todverfallene Erdenleben verursacht. Die Sphären stehen in einer Scheidung einander gegenüber, die grundlos gegeben ist. Keine Spur von Teilnahme zieht von oben nach unten. Die reine Parallelität ist durch nichts überbrückt. Das lakonische *Doch* ist allerdings ein sehr präzises Signal für alles, was von unten her über das ganze Verhältnis an Urteilen, Empfindungen und Stimmungen in der Luft liegt. Es erinnert an alles, was an Groll, Neid, Aufruhr, Verdrossenheit, Empörung, Unterwürfigkeit und tiefer Resignation auch im religiös bestimmten Bewußtsein vorhanden ist, herrührend von der Vorstellung einer beziehungslosen, neutralen, unanfechtbar in sich ruhenden transzendenten Welt. Die heiligen Mächte sind ein schönes Bild des Seins, sie gehören zum Inhalt der Wirklichkeit, dessen Vorhandenheit im sakralen Ritus feierlich festgestellt wird, sie sind aber kein Ziel der Hoffnung. Der Mensch hat über die Schlucht des Unterschieds hinweg etwas zu sehen, aber nichts zu erwarten. Vielleicht daß sich da und dort in einem öffentlichen Mythos oder in einem privaten Gedanken der Stolz rührt, ein Hinabgeworfener zu sein, der den Himmlischen die Erfahrung des Schicksals voraus hat, während der Gott von der Strenge des Leidens nichts weiß. Nicht von ungefähr hat Hölderlin das Bild des Säuglings gewählt, um die Unberührtheit des oberen Seins zu beschreiben.

Paulus: Brief an die Philipper 2, 5–11

Seid untereinander so gesinnt, wie es dem
  Leben in Christus entspricht:
Er war Gott gleich, hielt aber nicht daran fest,
  wie Gott zu sein, sondern entäußerte sich
  und wurde wie ein Sklave und den
  Menschen gleich.
Sein Leben war das eines Menschen; er
  erniedrigte sich und war gehorsam bis zum
  Tod, bis zum Tod am Kreuz.
Darum hat ihn Gott über alle erhöht und ihm
  den Namen verliehen, der größer ist als alle
  Namen, damit alle im Himmel, auf der Erde
  und unter der Erde ihre Knie beugen vor
  dem Namen Jesu und jeder Mund bekennt:
Jesus Christus ist der Herr – zur Ehre Gottes,
  des Vaters.

Der alte Hymnus, den Paulus schon in den Gemeinden vorgefunden hat, steht im Zusammenhang einer
Mahnung an die Gemeinde in Philippi, Gemeinschaft zu suchen und nicht durch das Interesse am
eigenen, abgesonderten Leben zu zerstören. Sie
schließt mit dem Satz: „Jeder achte nicht nur auf das
eigene Wohl, sondern auch auf das der anderen"
(2, 4). Um diesen Imperativ unter die höchste Autori-

tät zu stellen, die er kennt, zitiert Paulus den Psalm, in
dem das Verhalten des Christus beschrieben wird. Die
Person, von der die Rede ist, Jesus, gehört in das Sein
Gottes. Was von der Analogie menschlichen Verhal-
tens aus naheliegt, trifft für Gott nicht zu. Das Fest-
halten des eigenen Seins gegen jede Bezogenheit auf
anderes Sein, aus welchem Antrieb immer, sei es
Angst, Gleichgültigkeit, Habsucht, Haß oder Heiter-
keit, ist kein Gleichnis für das Verhalten in Gott,
wenn wir von einem solchen reden dürfen. Jesus hat
durch sein Leben den Glauben ermöglicht, daß sich
die heilige Macht, die wir Gott nennen, selbst auf den
Menschen bezieht, nicht nur in Befehlen, in Mitteilungen, in blitzhaften Visionen, sondern durch Teilnahme von Leben an Leben. Der Ausgang aus dem
rein göttlichen, für sich allein wahren Dasein, führt,
ohne daß dieses aufgelöst wird, in das andere Sein, das
menschliche. Die dramatische Wirklichkeit der ge-
schöpflichen Existenz wird eine Wirklichkeit an Gott
selbst. Der Text betont die Echtheit des übernomme-
nen Menschenlebens durch Hervorhebung der negativen Aspekte: Es ist eine Art Sklaverei unter den
Mächten der Natur und der Geschichte. Ähnlich wie
das Gedicht Hölderlins skizziert der christliche Hymnus auf den Retter aus Finsternis und Todesschatten
(Lk 1,79) einen *Weg hinab*: in das Sklavendasein, in
Erniedrigung, in den gewaltsamen Tod am römischen
Kreuz. Alle Negationen, die der Mensch erleiden
kann, sind im Ausgang des Gottgleichen in die Menschenwelt eingeschlossen, auch die nichtende Dimension des Todes. Unvermittelt spricht der Text dann

von der Erhöhung. Jesus ist gestorben, aber das Sein im Tod wird, wie im übrigen Neuen Testament, auch im Hymnus nicht geschildert. [41] Man hat sich an das zu erinnern, was zum Schattendasein in der Scheol gesagt wurde. Jesu Verbundenheit mit dem Vater ist der Grund für seine Rettung und Erhebung aus dem nichtigen Schatten des Todes. „Sein Tod hat ihn also nicht von Gott getrennt. Indem Gott an seiner Gemeinschaft mit Jesus noch in seinem Tod am Kreuz festhielt, hat der Tod seine von Gott trennende Macht verloren. Gott selbst hat sich über die Scheidung der Todeswelt von seinem ewigen Leben hinweggesetzt." [42] Nun ist der Name Jesus groß geworden, nicht als Belohnung für die Leistung, eher als Ausdruck dafür, daß nun für Gott die Ernte der Erfahrung eingebracht und für den Menschen dadurch die Liebe Gottes zur Welt evident geworden ist. Mit dem Leben, dem Tod und der Auferweckung Jesu hat sich die Situation geändert. Er ist die endgültige Solidarität Gottes mit den Menschen, die Öffnung der Zukunft jenseits des Todes: das Evangelium.

Im Gegensatz zur Vermutung, die im Schicksalslied Hölderlins insinuiert wird, heißt das:

> Gott ist in Liebe auf die Welt bezogen.
> Das ist erfahrbar an der konkreten Existenz
> des Menschen Jesus.
> Gott rettet durch Teilnahme am endlichen
> Leben.

> Gott eröffnet Zukunft über das Ende der Welt
> hinaus, nicht gegen die Welt, sondern in
> ihr.
> Die Zukunft ist gebunden an die Teilnahme
> an Jesu Verhältnis zum Vater.

Dieser allgemeine Umriß des christlichen Glaubens soll wenigstens noch an drei Gesichtspunkten näher erläutert werden: Die Auferstehung ist ein Sieg über den Tod. Sie bedeutet weder Rückkehr noch Wiederkehr, sondern Vollendung des zeitlichen Lebens. Der Gott der Auferstehung ist dem Gott der Schöpfung treu.

Sieg über den Tod

„Verschlungen ist der Tod vom Sieg" (1 Kor 15, 54). Das ist die Rede der Bibel von der Überwindung des Todes, und sie ist konsequent. Der Sieg beschließt einen Kampf des Triumphators gegen Tod und Unterwelt.[43] Die Bilder verweisen auf ein Verständnis des Todes, in dem die Drohung des Nichts, des endgültigen Abbruchs vorherrscht. Das Leben steht auf dem Spiel. Das Ende, mit dem alle weltliche Möglichkeit bricht und Zukunft ausgeschlossen wird, fordert einen neuen Einsatz der Schöpfungsmacht Gottes, wenn es in seinem Willen liegt, dem Leben im Tod Zukunft zu geben. Der Tod kann nicht in das Leben integriert werden, als wäre er die aktive Selbstvollendung des Menschen. Dann würde aus der

Auferstehung ein Ausdruck, in dem die „Bedeutsamkeit des Kreuzes"[44] erscheint, die Offenbarung der Geschichte, die sich am Kreuz vollendet hat[45], oder „die Erscheinung dessen, was im Tode Christi geschehen ist"[46]. Ich sehe zwei Gründe, die eine Deutung dieser Art ausschließen. Im Tod bricht die Person und mit ihr alles, was sie kann; auch das Ende der Freiheit ist gekommen. Diese kann sich nicht noch einmal darüber erheben, um das Ende zu leisten und zur Voll-Endung zu führen. Was dem Menschen bevorsteht, ist das Ende. Er ist herausgefordert, um der Wahrheit des Lebens willen, sich dem unvermeidlichen Bruch zu stellen, der Evidenz standzuhalten, aber er kann niemals darüber verfügen, es ist ihm radikal entzogen. Wie könnte, zweitens, der Tod bedeutsam sein? Doch nicht so, als enthielte das Totsein als solches Sinn. Sonst könnte Paulus nicht mit seinem Ernst sagen, wenn es dabei bleibe, seien alle verloren, auch die „in Christus Entschlafenen" (1 Kor 15, 18). Der Tod Jesu hat Bedeutung, weil er sich in seiner Solidarität mit den Menschen, die durch sein Verhältnis zu Gott motiviert war, in diese Lage hat bringen lassen. Der Sinn liegt dann in seinem Willen, das Ende zu erleiden, wie es alle erleiden müssen, und er liegt in dem Akt der Auferstehung, durch die jene Solidarität überhaupt erst zu einer Wirklichkeit wird, an der alle anderen teilhaben können. Das Kreuz für sich genommen ist das Zeichen des gewaltsamen Endes und das Symbol einer Bereitschaft, die geschöpfliche Endlichkeit bis in ihr Extrem und ihre schlimmste Konsequenz erleben zu wollen. Heil bedeutet es nur, weil der daran Ermordete lebt. Außerhalb des Zusammenhanges *neues Leben* wäre das Kreuz nichts als die vielleicht eindrucksvollste Metapher der Absurdität.

Vollendung des zeitlichen Lebens

Der Tod ist nicht teilbar, und der Streit darüber, ob der Mensch den Ganztod stirbt oder nicht, ist nach meinem Urteil überflüssig. Als gäbe es im Sinn der Bibel die Alternative Halb-, Teil- oder Nebentod! Das ist nicht der Fall. Es bleibt dabei: *Im Tod ist der Mensch nicht mehr*, mag die Vorstellung Restbestände annehmen wie immer, Schatten, Seele, Geistqualitäten. Nichts davon ist mehr die Person, die einmal am Leben war, und eben um diese geht es. Die Theologen der Tradition, die mit dem Begriff der vom Leib getrennten Seele arbeiten, wissen darum, zumindest noch Thomas von Aquino. Er sagt ausdrücklich, daß die leiblose Seele ihre Hinwendung auf den stofflichen Leib behält. Daher kann sie so wenig wie die Hand oder ein anderer Körperteil der ganze Mensch genannt werden. Sie ist keine vollständige Einzelsubstanz. „Und so kommt ihr weder die Wesenbestimmung noch der Name der Person zu." [47] Die Konstruktion einer jenseitigen Seelenwelt war in der Überlieferung grundsätzlich nie mehr als eine provisorische Stütze der Vorstellung, das Sein der Seele außerhalb des Leibes also nie mehr als eine Episode, sofern es um das Heil des Menschen geht, denn „es ist gegen die Natur der Seele, ohne Leib zu sein. Nichts aber kann für immer dauern, was gegen die Natur steht. Also wird die Seele nicht immer ohne Leib sein."[48] Obwohl vor allem die Frömmigkeit dazu neigte, das Provisorium zum eigentlichen Zustand zu erheben, blieben alle Glaubensbekenntnisse bei der Formel *Auferstehung des Fleisches, des Leibes,* oder *der Toten.* Nur in der Liste der sechs Grundwahrheiten im alten Katechismus heißt es: Die Seele des Menschen ist unsterblich. So lehrt auch die Tradition in ihrer Rede von der Unsterblichkeit, daß der Mensch endet, nicht nur das Leibgewand von seinem Geistkern fällt. Er erleidet im Tod die Endlichkeit seines Lebens, die Wahrheit, daß sein Dasein in keiner Weise notwendig, sondern zufällig ist, und zugleich die absolute Verwiesenheit an die Lebensmacht Gottes. Der Tod ist das Ereignis der Seins-Ohnmacht des Menschen innerhalb seines Verhältnisses zu Gott.

In Predigten ist manchmal zu hören, wenigstens einer, nämlich Jesus, sei aus dem Tod zurückgekommen und habe die Realität des Jenseits vermeldet. Wenn dazu noch die Totenerweckungen auf einer Ebene neben die Auferstehung gestellt werden, ist es nicht weit zu der Meinung, diese bestehe in der Wiederbelebung des Leichnams, sei also nichts anderes als die Rückkehr ins vergangene Leben, vielleicht dessen Wiederholung. Das ist ein Mißverständnis, dessen Konsequenz die Leugnung der Hoffnung auf ewiges Leben wäre, würde es folgerichtig durchgehalten. *Auferstehung heißt nicht Rückkehr in das sterbliche Leben der Welt, auch nicht Übergang in eine andere*

Existenzform innerhalb der Welt nach dem Gesetz der Reinkarnation. Gott verwandelt dieses personale Leben auf der Erde in ein neues Sein, sodaß die irdische Existenz in ihrem Wahrheitsgehalt bewahrt, aber zugleich in einen Zusammenhang unzerstörbaren Sinns erhöht wird.

Die Auferstehung oder Auferweckung sagt nicht weniger als daß das zeitliche Dasein der hier gegebenen Struktur definitiv verlassen wird. Wird ein Leichnam wiederbelebt, sodaß er in diese Welt aufwacht, denn ist damit nicht die Dimension *Auferstehung* erreicht, sondern höchstens eine Verlängerung des sterblichen Lebens ermöglicht. Das gilt grundsätzlich auch für einen denkbaren Kreislauf der Wiedergeburten und Wiedertode. Weder die Wiederholung noch die Verlängerung des Lebens können das neue Sein erreichen, in dem die Endlichkeit wirklich vom Tod befreit ist und jenseits der abbrechenden Zerstörung am absoluten Sinn teilhat. Die Texte des Neuen Testamentes unterscheiden daher klar zwischen Auferstehung und Erweckungswundern. In den Visionen der Osterzeugen erscheint die Zukunft, das Ereignis der Weltüberbietung, während die Erweckungen rückwärts, in die Gegenwart gerichtet sind und höchstens ein Vorschein der Auferstehung genannt werden können. [49] Im übrigen liegt nach christlicher Auffassung der Trost über die Endlichkeit der Existenz nicht in der Möglichkeit oftmaliger Reinkarnation, sondern in der *Gnade der Vollendung*. In Indien, dem Ursprungsland der Idee der Wiedergeburt, überhaupt in Asien und noch im antiken Griechenland, ist sie keine frohe Botschaft, sondern ein Zwang, die ganze Gerechtigkeit leisten zu müssen, ein Sieg des Leistungsprinzips im religiösen Bereich. [50] Erst im Westen wurde daraus seit dem 18. Jahrhundert ein positives Erlebnisprinzip, das vor allem dem Genie unendliche Möglichkeiten der Selbstverwirklichung öffnen sollte. Aber weder die endlose Arbeit an der Gerechtigkeit noch die Jagd nach der Fülle der Erlebnisse erreicht das Ziel: das in der Geschichte angehäufte Negative abzubauen und das mögliche Gute einzuholen. In diesem Sinn und im Blick auf die Vollendung ist das nicht wiederholbare Ende des Todes auch Befreiung. Befreiung wovon und wofür? Vollendung soll das Ziel aller Wege sein. Ende also, Aufhören der Zeitenfolge, in der wir uns bewegen, der Weise, wie wir jetzt die ferne Nähe Gottes erleben, der Sequenzen unserer Entscheidungen, der mühevollen Suche nach der Wahrheit, der Arbeit an der Welt, alles dessen, was wir Geschichte nennen. Aber auch: ins Volle bringen. Mit dem, was der Mensch getan hat, mit allen seinen Entscheidungen, die ihn geprägt haben, geht er ein in eine neue Weise des Seins mit Gott, die deshalb als unüberbietbare Existenz gelten kann, weil sich Gott in definitiver Offenheit und Unmittelbarkeit selbst an den Menschen gibt und dieser sich in der Gegenwart des ewigen Lebensgrundes ganz finden kann, mit seiner Geschichte und seiner Welt. Das ist positiv formuliert, und notwendig kann von Vollendung nur so gesprochen werden. Die Bibel und die Tradition sprechen ausführlich von der Möglichkeit, daß der Mensch die Aufnahme in die Communio des ewigen Lebens verfehlt, für immer außerhalb bleibt. Auch dieser Zustand wäre definitiv, allerdings nur als Verfehlung der Vollendung. Dazu wird noch einiges zu sagen sein.

Wir sprechen, genötigt von der Enge und weltlichen Bestimmtheit der Sprache von einer Zukunft *jenseits* des Todes bzw. *nach* dem Tod, und müssen sofort erklären, daß damit keine Angaben im strikten räumlichen und zeitlichen Sinn gemacht werden. Wir können das neue Sein nicht als qualitative Verlängerung oder Vergrößerung des irdischen Lebens beschreiben. Wir gehen im Tod nicht geradenwegs aus einer Zeit in die andere, nicht ebenerdig aus dieser Welt in eine zweite. Wir drücken mit den mißverständlichen Präpositionen die qualitative Neuheit, das Anderssein der kommenden Seinsweise aus und sagen, bezogen auf das irdische Leben: Es ist nicht mit dieser Zukunft identisch, aber es läuft auf sie zu. Wir beziehen uns nicht auf eine zweite, die hiesige nur verdoppelnde hintere Welt, sondern auf die zukünftige Form dieser Welt.

Der Gott der Auferstehung ist dem Gott der Schöpfung treu

Wer sich der brutalen Anschaulichkeit des Sterbens, des Tötens und der Toten in unserer Welt ehrlich aussetzt und anderseits das hohe Pathos im Ohr hat, mit dem das Christentum das ewige Leben ankündigt, von Gott redet, der nicht ein Gott der Toten, sondern der Lebenden sei, die Weisheit und Liebe des Erlösers preist, der die Schlüssel des Todes und der Unterwelt besitzt (Offb 1,18), dem wird bald eine Frage auf der Zunge liegen: Warum hat Gott nicht gleich am Anfang, im Augenblick der Schöpfung, den Tod ausgeschaltet und dem Menschen ewiges Leben gesichert? Vielleicht in analoger Form auch den Tieren und Pflanzen, die in der Schrift wie in der Überlieferung mit leichtester Selbstverständlichkeit der puren Vergänglichkeit überlassen bleiben? Warum erst dieser steile Anstieg ins Leben, wenn es nach kurzem Aufenthalt in der Höhe so unaufhaltsam abstürzt? Wer ist der Gott, der die Menschen und mit ihm alle Lebewesen der Erde einem solchen Prozeß ausliefert? Er hat die Geschichte dieses Lebens losgetreten und ein ungeheures Potential an Negation freigesetzt. Wer ist da am Werk? Ein Spieler, in zweckloser Laune, gefesselt an sein spontanes Pläsier, ohne Aufmerksamkeit für das Material des Vergnügens? Oder ist es ein Problem der Macht, wie Elias Canetti meint? „Gottes Macht, es ist wahr, beginnt mit der Schöpfung selbst, und die Geschichte der Ansprüche dieses Schöpfers ist es wohl, was der Bibel ihre Einzigartigkeit verleiht. Aber Dschingis-Chan selbst ist nicht viel bescheidener. Auch er operiert, wie Gott, mit dem Tod. Er geht so freigiebig damit um wie dieser, ja, er läßt noch weniger am Leben. Aber er zeichnet sich auch durch ein kräftiges Familiengefühl aus, was Gott in seiner Einzigkeit nicht zukommt."[51] Wäre nicht besser alles unterblieben? Flüche über die Geburtsstunde stehen immerhin auch in der Bibel. Zielen sie nicht heimlich zurück an den Anfang aller Geburten, in die Schöpfungsstunde?[52]

Die Fragen sind alt. Für die antike Gnosis waren sie Anlaß zu einer radikalen Lösung. Gott mußte geteilt werden. Auf der einen Seite stand der dummböse Produzent der Welt oder ein anonymes Verhängnis, dem alle Ursache und Verantwortung für ihre Existenz und ihren Zustand zugerechnet wurde. Auf der anderen der verborgen im abgründigen Geheimnis schweigende Gott, der mit dem Kosmos und seiner todbringenden Genesis gar nichts zu tun hatte. Die Erlösung konnte nur in der Auflösung des Schöpfungssystems bestehen, in der Desavouierung der es tragenden Mächte und der Befreiung der Lichtkerne im Menschen, die ewig, unzerstörbar, wie sie waren, aus dem Exil der Welt in die Fülle des unnennbaren göttlichen Seins zurücksinken konnten. Die christliche Theologie hat darauf sehr heftig reagiert. Es war unmöglich, im Lichte dieser Lehre das Evangelium zu verstehen, den Glauben an den einen, ungeteilten Gott, der die Liebe *ist*. Die Gnosis wich dem Problem aus, setzte an Stelle der Freiheit das Schicksal und wußte nur von einem negativen Verhalten zur Welt.

Eine andere Auskunft scheint fürs erste Gott ganz zu entlasten, ohne die gnostische Operation vornehmen zu müssen. Der Tod geht auf das Konto der menschlichen Freiheit, die sich selbst verfehlt und mit der Sünde den Fluch des Endes auf sich zieht. Gott hat von sich aus die reine Absicht des Lebens, erst die Bosheit der Menschen kommt dazwischen und damit der Tod.[53] Alle Fragen, Klagen und Vorwürfe sind an den Menschen zu richten. Das kann lange Zeit gelten, besonders, wenn eine Gesellschaft dieses Modell übernimmt und mit der Macht ihrer Zustimmung mögliche, weiter vordringende Zweifel abblockt. Der Druck auf den Menschen ist allerdings groß, zu groß, als daß die Sicherungen auf Dauer halten könnten. Ist diese Verantwortung für den Tod denn zu tragen? Ist es logisch, ganz allein dem Geschöpf aufzuladen, was es an Negativem gibt? Man denke unter der gegebenen Voraussetzung zwei Möglichkeiten, die Herkunft des Todes zu verstehen. Entweder war das Leben todlos geplant und die Sünde brachte als ihre Folge und Strafe das Ende. Oder der Tod sollte mit der Schöpfung gegeben sein und die Bosheit hat ihn potenziert. In beiden Fällen kehren die Fragen zu Gott zurück. Der Mensch ist mit seiner Freiheit Gottes Geschöpf, er verdankt sich vollkommen, ist kein unabhängiges Gegenüber zu Gott. War es nicht möglich, ihn von Anfang an anders zu organisieren, auf Gelingen hin? Außerdem ist auch von der Dummheit zu reden, die er mit sich schleppt, und der wenigstens die Hälfte des Übels in der Welt entstammt. Woher kommt sie? Soll der Tod zur Natur des Menschen gehören, wiederholt sich die Frage stärker. Wenn der Mensch mit seiner Welt nur da ist, weil ihn Gott in freier Setzung gewollt hat und aktuell immer will, mißlingt jede Strategie der Entlastung Gottes.

Daß die Lehre von der Unsterblickeit der mensch-

lichen Seele so lange, in so hohem Maß und so viele
Menschen gerade in den christlichen Kirchen über-
zeugen kann, liegt auch an ihrer Leistung gegenüber
den genannten Fragen. Sie entspricht am besten den
Forderungen. Wenn die geistige Seele vom Augenblick ihrer Entstehung an unvergänglich, zu immer-
während er Dauer befähigt ist, sind drei Gewißheiten
garantiert:

1. Gott hat seine Absicht, Leben zu geben, verwirklicht; der Urheber des Daseins erweist sich an seiner
Gabe als verläßlich. Das ist für das Verhältnis zu Gott
eine ungeheure Erleichterung.

2. Der Mensch ist in seinem substantiellen Kern, seiner wesenhaften Identität im Sein gesichert. Das
Nichts kann ihn nicht anfallen, die Angst vor der
Leere des Todes ist überwunden, das Gefühl der unan-
greifbaren Überlegenheit inmitten des überall sicht-
baren Verfallsgeschehens wird möglich.

3. Der Tod ist von der Konstitution des Menschen her
entmachtet, auf ein peripheres Geschehen an der ver-
gänglichen Leiblichkeit reduziert, ein Durchgang,
kein Abbruch. Das macht frei von der lähmenden Fixierung auf das Ende. Was kann es bedeuten, wenn
die vom Leib getrennte Seele, unsterblich, wie sie ist,
die vollkommene Gemeinschaft mit Gott erlangen
kann? Wie die leibliche Vollendung ein entbehrlicher
Anhang der Seelenseligkeit geworden ist, so ist der
Tod folgerichtig nur mehr eine unwesentliche Beein-

trächtigung der Identität des Menschen: „Es ist klar, daß die von den Leibern getrennten Seelen der Heiligen im Lichte wandeln und Gottes Wesenheit schauen, worin die wahre Seligkeit besteht..... Weil darum die vollkommene Seligkeit des Menschen in der Schau der göttlichen Wesenheit besteht, hängt die vollkommene Seligkeit des Menschen nicht vom Leib ab. Daher kann die Seele ohne Leib selig sein."[54]

Die Fragen scheinen ihre Antwort gefunden zu haben. Freilich nur so lange, als man sich mit der Bagatellisierung des Todes zufrieden gibt. Dafür hat man wegzublicken vom Phänomen des Sterbens, das gewiß nicht harmlos ist und den Menschen ganz überfällt. Man hat wegzuschauen von der Leiche, man hat das Schweigen der Toten zu überhören. Man hat zu vergessen, daß alles Dasein und Mitsein in der Menschenwelt immer nur leiblich geschieht, im Medium der Materie, der Mensch nicht davon abgesondert werden kann in ein eigentliches Seelenwesen. Wer sich als Christ an der Bibel orientiert, wird überdies damit konfrontiert, daß dort der Tod wirklich ein Ende ist, in dem der Mensch vergeht. Dem entspricht die blutige Dramatik der Geschichte, die der Rettung des Menschen, seinem Heil gilt, also auch seiner Befreiung aus dem Tod, nicht nur der Bewahrung vor der Hölle. Der Tod läßt sich nicht zugunsten Gottes vergessen.

Es bleibt Jesus

Was bleibt für den, der als Christ seinen Glauben bewahren, in der Gegenwart des einen Gottes leben, nicht den Menschen allein mit dem Gewicht der letzten Verantwortung überlasten und die Wirklichkeit des Todes ernstnehmen will? Es bleibt Jesus, mit der ganzen Exegese seines Lebens, dem Gestus seines Auftretens, seinem Schicksal und seiner Rettung. An seiner Sinngestalt ist nicht zu erfahren, warum überhaupt die ewige Weisheit diesen Weg mit der Schöpfung gewählt hat. Jesus hat keine Mitteilungen dieser Art gemacht. Aber er ist ein reales Symbol dafür, daß es ein gangbarer und praktisch verstehbarer Weg ist, in der Voraussetzung einer teilnehmenden Liebe. Er zeigt einen Gott, der seinem Anfang durch die Geschichte hin treu bleibt im Modus der Teilnahme, der Solidarität in der gefährdeten Existenz. Einen Gott, der das Drama einer Geschichte losläßt und eine gewiß ungeheure Zumutung an die Geschöpfe wagt, den Ausgang der Freiheit in alle ihre Möglichkeiten nicht durch eine erste Verfügung überflüssig macht, und das alles der bestimmten Gesetzlichkeit einer materiellen Natur anvertraut. Einen Gott, der seine Allmacht auf die Seite derer setzt, die dieses Experiment mitzumachen haben, der im Modus ihrer Ohnmacht und Geworfenheit da ist. Einen Gott, der nicht verläßlich ist, weil er fest umschriebene Substanzen gemacht, sondern den Menschen in ein Verhältnis geschaffen hat, in dem er bleibt, in dem auch die äußersten Drohungen erträglich werden. Einen Gott, der im Todesgang der Lebensgeschichte Zukunft öffnet. Damit ist das große *Warum so?* nicht beantwortet, aber es ist im Glauben mit Jesus tragbar geworden.

III
Strukturen der Zukunft jenseits des Todes

Unsagbare Ungeheuerlichkeit

Karl Rahner hat kurz vor seinem Tod, bei der Feier seines achtzigsten Geburtstages, gesagt: „Gewöhnlich spricht man ja mit einem gewissen salbungsvollen Pathos über die Hoffnung des ewigen Lebens und fern sei mir, so etwas zu tadeln, wenn es ehrlich gemeint ist. Aber mich selber überkommt es seltsam, wenn ich so reden höre. Mir will scheinen, daß die Vorstellungsschemen, mit denen man sich das ewige Leben zu verdeutlichen sucht, meist wenig zur radikalen Zäsur passen, die doch mit dem Tod gegeben ist. Man denkt sich das ewige Leben, das man schon seltsam als ‚jenseitig‘ und ‚nach‘ dem Tod weitergehend bezeichnet, zu sehr ausstaffiert mit Wirklichkeiten, die uns hier vertraut sind als Weiterleben, als Begegnung mit denen, die uns hier nahe waren, als Freude und Friede, als Gastmahl und Jubel und all das und ähnliches, als nie aufhörend und weitergehend. Ich fürchte, die radikale

Unbegreiflichkeit dessen, was mit ewigem Leben wirklich gemeint ist, wird verharmlost und was wir unmittelbare Gottesschau in diesem ewigen Leben nennen, wird herabgestuft zu einer erfreulichen Beschäftigung neben anderen, die dieses Leben erfüllen; die unsagbare Ungeheuerlichkeit, daß die absolute Gottheit selber nackt und bloß in unsere enge Kreatürlichkeit hineinstürzt, wird nicht echt wahrgenommen."[55] Er nennt es eine quälende und nicht bewältigte Aufgabe des Theologen in der Gegenwart, ein Modell der Vorstellung zu schaffen, das diese Verharmlosung ausschließt.

Rahner hat nicht nur seine private Empfindung beschrieben, sondern sehr genau das Problem genannt, mit dem nicht allein die Theologie, sondern auch die unmittelbare Glaubensrede und das Lehramt[56] zu kämpfen haben.

Mutation im Reden und Denken

Im Denken und im Reden über die Letzten Dinge hat in diesem Jahrhundert eine große Mutation stattgefunden. In den Kirchen der Reformation hat dieser Prozeß früher eingesetzt als in der katholischen Kirche. In dieser ist er inzwischen auch in vollem Gang, und mit nicht geringerer Radikalität. Die Religionsbüchlein und Katechismen vor dem Konzil, die fromme Literatur wie die theologischen Lehrbücher zeigen eine selbstverständliche Zuversicht, den Gegenstand, das Jenseits, erkennen und ausführlich darüber schreiben zu können. Da gibt es noch detailfrohe Schilderungen der Zustände, der Eigenschaften, der Verhältnisse. Eine Art Jenseitsgeographie wird entworfen, eine Geschichte der künftigen Ereignisse skizziert, eine minutiöse Kalkulation der Ablaßzeiten angestellt. Alles in dichtester Anschaulichkeit, in der sinnlichen Prägnanz der Bilder, die zu einem farbigen Mosaik zusammengestellt werden, und nicht zuletzt in einem Stil, der die Seele zu packen wußte. Die Themen Gericht, Fegefeuer, Hölle gingen unter die Haut, und die Gelegenheit, damit existentiell zu treffen, wurde ohne große Skrupel reichlich genützt. Wie blaß wirken dagegen die heutigen Traktate, wie abstrakt die Sprache, wie gering die sinnliche Anschaulichkeit! Die Bilder sind schier verschwunden. In der öffentlichen Rede zum Tod und ewigen Leben ist ebenfalls der Zug zum Allgemeinen zu spüren. Die alten Gewaltworte *Verdammnis, ewige Pein, höllisches Feuer, Sündenstrafe, Richterstuhl Gottes, Arme Seelen, heiße Glut* sind in der Predigt kaum noch zu hören. Es ist mehr und zuweilen überschwenglich von der Liebe und Versöhnungsbereitschaft Gottes die Rede. Der einstige Primat des Schreckens ist abgelöst durch einen Überfluß an Affirmation. Das Urteil über diesen Wandel ist nicht leicht, denn die darin zusammenwirkenden Faktoren sind vielfältig. Ich greife nur die Frage heraus, die schon in der Äußerung Rahners angeklungen ist: Wie verhält sich die Reduktion des eschatologischen Wissens und der Wandel der Sprache zur Hoffnung auf eine Zukunft jenseits des Todes?

Ist die Theologie schuld?

Seit langem wird davon gesprochen, daß diese Hoffnung im Schwinden ist.[57] Es gibt Umfragen, die das in gewissem Maß bestätigen.[58] Die Sorge der Verantwortlichen in der Kirche ist deshalb verständlich und die Analyse der Ursachen ein begreifliches Anliegen. Eine der Antworten, die man gefunden hat und die häufig als die einzige angeboten wird, lautet: Die Mutation ist, von der Theologie verursacht, Grund und Symptom des Hoffnungsschwundes. Die Freude an der Einfachheit und Handlichkeit dieser Erklärung muß freilich gedämpft werden. Sie ist weniger das Ergebnis einer aufmerksamen Untersuchung der vielfältig verflochtenen Motive, als der Ausdruck eines Mißbehagens, das diese Lösung spontan nahelegt. In weiten Kreisen des kirchlichen Christentums herrscht die Überzeugung, daß der Glaube ohne Theologie besser daran wäre. Der christliche Glaube setzt Reflexion frei und ist in seiner geschichtlichen Wirklichkeit nur in der Bindung an die Reflexion verständlich. Aber diese gilt eher als der mephistophelische Schatten, die fürwitzige Lust, einfache Haltungen in Probleme aufzulösen. In der negativen Beurteilung, für die es auch Anlässe gibt, ist zugleich eine Überschätzung der Theologie enthalten. Stimmt es denn, daß sie der einzige und allein entscheidende Faktor in der Glaubensgeschichte ist? Und wenn sie schadet, schadet sie allein? Ist die gelebte Frömmigkeit selbst völlig rein und eindeutig, ein klarer Spiegel der ursprünglichen Botschaft? Weder Jesus noch Paulus war dieser Meinung. „Ein Glaube kann dem Nullpunkt zustreben, ohne daß ein Zweifel ihn anflöge. Sich höhlend, sich veräußerlichend, allmählich vom Leben zum Formalismus übergehend, kann er sich auch härten und den Anschein prächtiger Stärke gewinnen. Die Rinde ist erstarrt, der Stamm innen faul.“[59]

Die Mutation, von der die Rede ist, kann nicht schon als solche mit dem Unglauben gleichgesetzt werden. Daß Zweifel, Skepsis und Verweigerung hereinspielen können, sei nicht geleugnet, wohl aber bestritten, daß die Voraussetzung solcher Urteile wahr ist, nämlich: die alte Form sei identisch mit dem Glauben. Die Probleme sind schon *gegeben*, sie werden nicht erst produziert. Die Gestalt der Hoffnung, die problematisiert wird, enthält selbst in der Sprache, in der Vorstellung, in der zugehörigen Begrifflichkeit den Grund für diesen Vorgang. Die Reduktion des Wissens über die Zukunft jenseits des Todes, die Veränderung der Sprache und die kritische Relativierung der bildlichen Vorstellungen stammen aus dem genaueren Bewußtsein von den Bedingungen der Erkenntnis. Das hat positiv zu einer Klärung und Konzentration des Glaubens geführt, die auch die Vermittlung in die gegenwärtige Kultur fördert. Der folgende Katalog ist nicht vollständig, enthält aber doch entscheidende Motive, die den Prozeß ausgelöst haben.

Auslösende Motive

Trotz aller Mechanismen der Verdrängung, die im Gang sind, scheint das Gespür für den Tod gewachsen zu sein. Daß er die größte Zäsur ist, die der Mensch überhaupt vor sich haben kann. Darin vergeht jede weltliche Sinnfigur und alle Möglichkeit der Erkenntnis.

Das Wissen um die Jenseitswelt[60] war fast mit den Kenntnissen vergleichbar, die das alte Ägypten über die Toten hatte. Es war in einer Sprache formuliert, die vorwiegend Bilder, Begriffe aus der physischen Dimension der Welt, aus dem Kosmischen, bezog, und die Vorstellung legitimierte, Diesseits und Jenseits seien geheimnisvoll kommunizierende Teile einer homogen strukturierten Welt. Die nicht selten phantastischen Deduktionen und Konstruktionen der kommenden Verhältnisse riefen den Zweifel über soviel Kompetenz und Kenntnismöglichkeiten hervor, nicht nur draußen, auch im Bereich des Glaubens.

Es gab das Ärgernis der Proportion, in der die Inhalte vorgetragen, vor allem dem Kirchenvolk zu Ohren gebracht wurden. Waren Hölle, Fegefeuer, Gericht nicht die Themen, die alles andere in den Schatten stellten, ungleich häufiger und eindringlicher gestaltet als die Themen Himmel, Seligkeit, Sein mit Christus, Gemeinschaft der Heiligen? Es war nicht immer leicht, der Meinung zu widersprechen, es handle sich in der christlichen Praxis schlicht um eine Strategie des Entkommens, der

Vermeidung böser Konsequenzen, und nicht um eine ernsthafte Anleitung, das wahre Leben zu finden.

Eberhard Jüngel schreibt im Hinblick auf die Todesangst: „Christliche Prediger und Seelsorger sind in dieser Hinsicht von schlimmsten Verfehlungen nicht freizusprechen. Künstlich erzeugte Todesangst ist alles andere als eine Schutzfunktion des Lebens. Sie ist ein Verbrechen am Leben. Todesangst zu erzeugen, um dann Jesus Christus als den Erretter vom Tode bezeugen zu können, ist ein theologisches verwerfliches Geschäft mit dem Tod."[61] Die Erpressung von Moral, gesellschaftlichem und kirchlichem Wohlverhalten durch die Drohung mit Sanktionen nach dem Tod hat stattgefunden, in einem Maß, das manche haßerfüllte Reaktionen verständlich macht[62], das Interesse an einer solchen Zukunft erschlaffen ließ und jene opake Stimmung erzeugte, in der wenig Hoffnung, aber viel Mißmut und Befürchtung verborgen war. Daran erwachte aber auch die Neugier und das Bedürfnis, sich aufs neue an den Quellen zu erkundigen.

Es gibt das Ijob-Syndrom. Ich meine die Verbindung der Empfindungen, die zusammen die untragbare *Last der absoluten Aufmerksamkeit* bezeugen: das Gefühl, unter dem allsehenden Auge Gottes zu sein, die Erniedrigung zum kalt beobachteten Gegenstand, die Angst davor, völlig durchschaut zu sein, der Druck einer schweigenden Forderung, die Gewißheit, vor diesem Blick keinen Ausweg zu haben, die metaphysische Panik. Das Buch Ijob ist das Dokument dafür, in den Ausbrüchen Ijobs zum Beispiel: „Ich mag nicht mehr. Ich will nicht ewig leben. Laß ab von mir;

denn nur ein Hauch sind meine Tage. Was ist der Mensch, daß du groß ihn achtest und deinen Sinn auf ihn richtest, daß du ihn musterst jeden Morgen und jeden Augenblick ihn prüfst? Wie lange schon schaust du nicht weg von mir, läßt mich nicht los, so daß ich den Speichel schlucke?" (7, 16–19). Aus dieser Gegenwart des Entsetzens ist nur ein Fluchtweg offen: in den Tod der völligen Vernichtung, damit niemand mehr ist, und das ewige Auge gegenstandslos wird. Ijob spricht denn auch davon (7, 21). Es gibt einen Stil der Verkündigung, der das Syndrom fördert und sensible Menschen in die Alternative zwingt, entweder die Hoffnung zu löschen oder die gehörte Botschaft einer scharfen Prüfung zu unterziehen.

Befragung der Quellen

Die neue Fragwürdigkeit der Hoffnung hat eine intensive Befragung der Quellen ausgelöst. Vieles, was an der heutigen Lage als Defizit empfunden wird, ist positives Ergebnis der Vergewisserung, die nicht allein von den Exegeten geleistet, sondern auch vom Interesse der Glaubenden und Glaubenswilligen getragen wurde.

Entscheidend war die Erkenntnis, daß die Bibel, wenn sie von der überzeitlichen Zukunft spricht, nicht irgendwelche Aussichten, Realitäten oder Zustände nennt, sondern niemand und nichts als *Gott*, in der Beziehungseinheit Vater-Christus-Geist. Auf ihn hin lebt, in ihn hinein stirbt der Mensch, in ihm wird er das neue Dasein haben. Darum wird die Zukunft immer wieder in kurzen Formeln gefaßt: „Seht, die Wohnung Gottes unter den Menschen! Er wird in ihrer Mitte wohnen und sie werden sein Volk sein; und er, Gott, wird bei ihnen sein" (Offb 21, 3). Oder: „Dann werden wir immer beim Herrn sein" (1 Thess 4, 17). Und: „Wir wissen, daß wir ihm (Gott) ähnlich sein werden, wenn er offenbar wird; denn wir werden ihn sehen, wie er ist" (1 Jo 3, 2)[63].

Die freie, schöpferische Macht Gottes, der dem Menschen nicht irgendetwas, sondern sich selbst mitteilt, kommt, um sich in neuer Weise zu geben. Die Neuheit der Zukunft wird realisiert am Leben in der Welt, ist aber nicht aus dessen Strukturen vorauszubeschreiben. Das Ausmaß des *Anderssein* ist so groß, daß alle Vorgriffe darauf „nur rätselhafte Umrisse" (1 Kor 13, 12) andeuten können.

Die Hoffnung auf die *neue Schöpfung* (2 Kor 5, 17) schließt Nichtwissen ein. Die Gewißheit der Zukunft, die an Jesus gewonnen wird und nur im Verhältnis zu ihm vollzogen werden kann, ist der positive Grund für das negative Element, daß Anschauung und Begreifen vor dem Kommen ohnmächtig sind. Die Hoffnung, daß der letzte Grund aller Zukunft die freie Liebe Gottes ist, ist identisch mit der Überzeugung von ihrer Unverfügbarkeit und Entzogenheit. Die Gewißheit trägt unter allen, auch den ärgsten Umständen[64], auf das Ziel hin. Das Nichtwissen erinnert den Hoffenden an die Grenze, die Vorläufigkeit, und hindert ihn, seinen Projektionen zu verfallen. „Irgendwelche Einzelheiten der Auferste-

hungswelt sind unausdenkbar... Es gibt keine Vorstellbarkeit der neuen Welt."[65] Es ist uns verwehrt,
das materielle Raum-Zeit-Schema unserer Welt über
den Tod hinaus zu verlängern. Wir wissen nichts über
das Erscheinungsbild des neuen Menschen und können seine Fähigkeiten und Möglichkeiten nicht beschreiben. Es ist gewiß kein völlig leeres *Daß* der
Vollendung, das die Bibel mitteilt. Das *Wie* aber
bleibt ganz im Allgemeinen. [66]

Die Bilder sind alle aus dieser Welt, aus der Geschichte des Menschen, aus den Ereignissen in der Natur genommen. Ihre Vielfalt läßt sich nicht in eine
anschauliche Einheit zusammensetzen, in der die Gestalt der zukünftigen Wirklichkeit sichtbar werden
könnte. Sie brechen sich gegenseitig, verschränken
sich in Widersprüche. Die Symbolsprache ist aufgeris-
sen, und gerade diese Explosion „bringt neues Sein zur
Sprache, das gar keine Worte finden könnte, ohne die
überlieferte Sprachwelt sozusagen platzen zu lassen."[67]

Angemessenes Reden

Die Neuheit der Zukunft erlaubt keine direkte und
zusammenhängende Beschreibung. Das erzeugt die
Angst, die Sprache könnte überhaupt verlorengehen
und die Verkündigung sprachlos werden. An Vor-
würfen, die Theologie mache durch ihre Kritik die
Rede von den Letzten Dingen unmöglich, ist daher
kein Mangel. Sie hätten recht, wenn sich nachwei-

sen ließe, daß es der theologischen Analyse um die
Abschaffung der Bilder geht. Das ist aber unmöglich.
Die aufmerksame Erschließung der Struktur, die
schon in der biblischen Sprache zu finden ist, dient
der Einübung in angemessenes Reden. Angemessen-
heit schließt für diesen Gegenstand das Moment des
Negativen ein, das Wissen darum, daß die religiösen
Zeichensysteme, die uns zur Verfügung stehen, die
kommende Welt nicht adäquat decken, sondern sym-
bolisch anzielen. Es kann also nicht so sein, daß die
Theologie um den gebrochenen Charakter der Sprache wissen dürfte, die Verkündigung aber nicht. Gerade heute, da die Fundamentalisten aller Art dabei
sind, die massive Buchstäblichkeit wiederherzustel-
len, ist die kritsche Reflexion notwendiger Dienst am
Glauben. Auch die direkte Rede der Predigt kann
nicht naiv geschehen, aber es wird ihr kein einziges
Wort genommen, wenn sie aus dem Wissen kommt,
daß wir „jetzt in einem Spiegel nur undeutliche Bilder
sehen" (1 Kor 13, 12). Wer unter dem Schmerz leidet,
den die Unanschaulichkeit der sinnlichen Phantasie
zufügt, kann bei Augustinus lesen: „Es ist kein kleiner
Gewinn, wenn wir betreffs dunkler und unbestimm-
ter Dinge, die wir nicht zu ergründen vermögen, die
sichere Gewißheit haben, daß wir nicht über sie nach-
grübeln sollen, und wenn man beim Versuch, sich
über Dinge zu unterrichten, deren Kenntnis man für
nützlich hält, die Erfahrung macht, daß es durchaus
nicht schadet, darüber in Unkenntnis zu bleiben."[68]
Alle Bilder und Gleichnisse sind auf Fluchtpunkte
hingerichtet – sie kreisen um wenige Markierungen.

Wenn es gelingt, diese zu erkennen, ist es möglich, die symbolische Sprache in ihrer verweisenden Vorläufigkeit zu verstehen. Vielleicht ist für die Linien, die durch den Wirbel der Bilder gezogen sind, das Wort *Struktur* schon zu massiv. Immerhin ordnen sie die Aussagen, und ich sehe im Ganzen vier.

Die Auferstehung ist gefährlich

Die Auferstehung ist gefährlich, denn sie ist für den Menschen der Augenblick der Wahrheit, nicht vor dem gnadenlosen Prinzip der Gerechtigkeit, sondern vor dem Gott, der durch den Menschensohn die Erfahrung der Erde an sich hat. Das Christentum ist nicht lieb, sondern eine Religion des wahren Lebens. So kann der Weg zu Gott, wo er endgültig zu finden ist, nicht lauter Bestätigung und Beglückung sein. Der Mensch muß unter dem ewigen Kriterium durchgehen, an dem sich der Gehalt seiner Existenz erweisen kann, Gutsein und Wahrheit, Recht und Liebe. Die Auferstehung in der Kraft Gottes ist die Krisis im Angesicht Gottes, in der, wie im Tod, alles auf dem Spiel steht. Weder die Geschichte des einzelnen noch die der Menschheit mündet im Vergessen. Gegen den Wunsch und die heimliche Kalkulation, die Folge der Ereignisse, die in sich forttreibt, werde schließlich alles Geschehen zudecken, als wäre es nicht gewesen, erhebt sich unausweichlich die letzte Instanz. Das ist eine angsterregende Herausforderung an jedes Individuum, denn individuell, als hellste Aufmerksamkeit für die Person, ist das Gericht gemeint, nicht als quantitative Bilanz des Guten und des Bösen. Es geht um die Identität des Menschen, was er in seiner Geschichte geworden ist und nun sein will. Das ist auch der Trost für die Geschichte im großen und ganzen. *Alle* werden auferstehen und *alle* werden in der Szene erscheinen. Die Bosheit hat eines ihrer stärksten Motive in der Erwartung, daß *das Leben weitergeht*, daß sie in den Prozeß der Gesellschaft integriert wird, das Gedächtnis erlischt und die Opfer selbstverständlich werden. Die Güte, das Recht und die Wahrheit sollen ohne Unterschied im Gemenge der Geschehnisse verschwinden. Unter der Suggestion, im Fluß der Geschichte habe alles seinen Platz, wird alles gleichgültig zur Realität, die Mure der Fakten schiebt alles zusammen, und nebeneinander sind vorhanden die Exekutoren des Todes und die Geschlachteten, die Haßerfüllten und die Liebenden. Dagegen setzt die Bibel die Prophetie des Gerichtes: Es wird das Gedächtnis geben für alle Vergangenen, Verstorbenen und Verschwundenen. Es wird die Unterscheidung geben im Augenblick, da die Geschichte in Gott mündet. Keiner wird vergessen und keiner kann sich verstecken. Hier ist das Wort *Solidarität* notwendig. Über alle fragmentarischen Versuche zusammenzugehören hinweg, gegen die stärkere Tendenz, sich in statischen Ordnungen für immer von einander abzusondern, geschieht im Gericht die *Offenbarung der Zusammengehörigkeit* aller Menschen und so die Erhellung ihrer Geschichte. Es gibt dazu die unabsehbare Zahl derer, die von Natur aus zu kurz gekommen sind, nie die

Chance hatten, ein volles Menschenleben zu erreichen, die leiblich und geistig Verkrüppelten, die früh verstorbenen Kinder, die von Menschen zuschanden Gemachten und um ihr Leben Betrogenen, die Infantilen, die Dummen, die nie Erwachten. Das ist ein Defizit, das nicht unter dem Titel *Sünde* zu behandeln ist, aber doch auch zum Himmel schreit. Man kann wohl sagen: Gericht ist auch für Gott die Evidenz dessen, was aus der von ihm gewollten Menschenwelt geworden ist, der Ausdruck dafür, daß sich Gott dieser Evidenz stellt.

Es ist wahr, das Christentum ist vom Zentrum seines Selbstverständnisses her *Gewissen* und *Verantwortung*. Der Vorwurf, es entfremde den Menschen seinen weltlichen Aufgaben, beachtet nicht die Entschiedenheit, mit der das Gericht das Verhalten im Leben vor dem Tod voraussetzt, und trifft nur die Christen, die in die Zukunft blinzeln, statt absichtslos den Erfordernissen ihres gegenwärtigen Lebens gerecht zu werden. Das Kriterium des Urteils liegt nicht in der Sorge um den Platz im Himmelreich, nicht einmal in der genauen Ausdrücklichkeit, in der sich jemand auf Himmel, Hölle, Christus oder Gott bezieht, sondern im Tun der Gerechtigkeit.

Vor allem die Tradition der lateinischen Kirche redet oft in einer abstrakten Weise vom Gericht Gottes, die vielen zum Anlaß wird, es für den terroristischen Überfall einer fremden Übermacht zu halten. Dabei übersieht man, daß es dem Menschensohn übertragen ist: „Auch richtet der Vater niemand, sondern er hat das Gericht ganz dem Sohn übertragen" (Jo 5, 22). Das

Fresko Michelangelos über das Jüngste Gericht demonstriert freilich wie viele ähnliche Stilisierungen in der christlichen Glaubensrede einen monströsen Rollentausch. In der glorios auftrumpfenden Gewaltfigur des Christus ist von dem Menschen Jesus aus Nazareth nichts mehr zu sehen. Die Ohnmacht ist abgelegt, pure Überlegenheit fährt auf die angeklagte Menschheit los und hat schon verurteilt. Ein Bild blanken Schreckens, gewiß, aber nicht das biblische. Denn dort sind die Symbole der Macht und Hoheit verbunden mit den bleibenden Zeichen der Ohnmacht, den Wunden, dem Blut, dem geschlachteten Lamm. Nicht der geschundene Jesus erscheint, um Rache zu nehmen für sein Schicksal, sondern der Prophet, der Israel für ein neues Verhältnis zu Gott gewinnen wollte, der den Sündern nachging und Sünden vergab, der dem Haß und der Rache abgeschworen hatte, der Jesus der Bergpredigt, des Gleichnisses vom verlorenen Sohn. „Seine Herrlichkeitsgestalt ist von seinen im Versöhnungswerk erhaltenen Wunden, die er noch als Auferstandener vorzeigt, nicht zu trennen."[69]

Die Menschen kommen also vor eine Instanz, die aus ihnen selbst stammt. Es ist der am Kreuz Ermordete, und so erblicken sie an ihm das Ergebnis ihrer Geschichte, unausweichlicher, als wenn es ihnen von oben nacherzählt würde. Sie begegnen in dieser Gestalt auch jetzt noch einem Willen, mit ihnen zu sein, denn Jesus ist in der Funktion des Christus und Weltenrichters nicht ein ganz anderer geworden: „Wir haben ja nicht einen Hohenpriester, der nicht mitfühlen könnte mit unserer Schwäche, sondern einen, der in allem wie wir in Versuchung geführt worden ist, aber nicht gesündigt hat. Laßt uns also voll Zuversicht hingehen zum Thron der Gnade, damit wir Erbarmen und Gnade finden und so Hilfe erlangen zur rechten Zeit" (Hebr 4, 15–16).

Der Augenblick der Wahrheit ist der Augenblick des Rechts und des Erbarmens, des harten Gegenübers und der Heilung[70], der Augenblick, in dem die fragenden Schreie Ijobs und Jesu beantwortet werden. Denn es ist wahr, wenn auch selten bedacht: Jesus ist als Richter der Anwalt der Menschen. Sie können sich von ihm vertreten fühlen auch in allem Affekt, den die blutige Unbegreiflichkeit der Geschichte und die darüber schweigende Verborgenheit Gottes in ihnen auslösen.

Auferstehung in die Zukunft bei Gott ist ein Ereignis, in dem verschiedene Aspekte verbunden sind, ohne daß es möglich ist, sie in zeitlicher Ordnung auseinanderzulegen.[71] Vor allem sollte sie nicht als der neutrale Akt der Versetzung in eine neue Existenz angesehen werden, nach dem Gott erst entscheidet, ob die Wertung positiv oder negativ ausfällt. Gott erweckt die Toten auch nicht mit dem zweifachen Willen, die einen in den Himmel und die anderen in die Hölle zu setzen. Die Auferstehung ist grundsätzlich, von Gott her, *das eine Ereignis des Heils*. Verdammnis und Hölle bedeuten die Möglichkeit, in diesem Übergang zurückzubleiben, in freier Weigerung vor dem rettenden Gott die nichtende Trennung zu versuchen. Hölle wäre die am Weg bleibende Verwehrung, die Selbstfixierung außerhalb der Liebe, die man einmal als die höchste Möglichkeit erkannt hat: nicht mit Gott leben wollen und doch nicht ins Nichts verschwinden können. Die Bibel spricht davon, daran ist nicht zu zweifeln, und die Erfahrung der Geschichte liefert die tausendfache Bestätigung dafür, daß der Exodus in die Verdammnis eine reale Möglichkeit ist. „In einem Tag kann man die Schrecken der Hölle erleben; es ist reichlich genug Zeit dazu".[72] Außen, in der Welt der Taten, und innen, im Bewußtsein. Allein unser Jahrhundert hat bisher genug solcher Tage gesehen, besonders im Herzen des Abendlandes, Tage der kalten Raserei, vor der die wildesten Phantasien der Höllendichter harmlos wirken. Anlaß über Anlaß für die Seele, sich in der Hölle zu wissen, zu spüren, wie sehr sie den absoluten Fluch verdient und mit Willen und Vernunft in der untersten Verwehrung ohnmächtig gefangen liegt. Die irdischen Vorspiele für die letzte Alternative *Himmel oder Hölle* finden längst statt, und nichts leuchtet mehr ein als die Aussicht, daß diese einmal realisiert wird. Daher ist denn auch in der Überlieferung den Predigern kaum ein Thema leichter gefallen als die Hölle. Wenn es trotzdem die Hoffnung gibt, daß die Auferstehung vollkommen gelingt, muß sie damit zurechtkommen.

Zukunft des Menschen mit Leib und Seele

Die Auferstehung ist die Zukunft des Menschen mit Leib und Seele. Die Leiche, der Rest des Menschen in dieser Welt, stützt entweder die Vision von der seelischen Unsterblichkeit, oder sie wird zum Dokument gegen jeder Hoffnung. Denn die Materie, mit der alles irdische Bewußtsein verbunden ist, scheint das Prinzip des Todes zu enthalten, dem Nichts näher als dem Sein. Vereiteln die Gesetze des Stoffes nicht von vorneherein jede Möglichkeit, über das Ende in dieser Welt hinaus Leben zu erwarten? Ist an der platonischen und gnostischen Beurteilung der materiellen Bedingtheit des Menschenlebens nicht viel Wahrheit? Wieviel Beschränkung und Behinderung geht nicht aus von der Starre, der Widerständigkeit und Notwendigkeit der Materie! Die Enge und die Vereinzelung im Gehäuse des Leibes legt sich streng um das Drängen des Bewußtseins, das in die Weite will, den Ahnungen der Wirklichkeit nach, schnürt alle Vermutungen eines entschränkten Könnens ein, verkürzt die Ausflüge des Geistes, läßt diesen überhaupt nie aus den Bedingungen weg, die Sinnlichkeit heißen. Von den höchsten Kurven, die er erfliegen mag, holt ihn die Erde wieder herab auf die Null-Linie, spätestens im Alter, aber die Fessel ist schon immer geknüpft und zu spüren.

Trotzdem besteht das Neue Testament mit Leidenschaft auf dem Glauben an die *Auferstehung des Fleisches,* und haben später die kirchlichen Bekenntnisse das ewige Leben immer dem ganzen konkreten Menschen der irdischen Geschichte versprochen. Paulus sagt es schroff: „Gesät wird ein irdischer Leib, auferweckt ein überirdischer Leib" (1 Kor 15, 44).

Die Schaffung der Welt ist für den biblischen Glauben ein Akt der *Güte* Gottes. Keine Dimension der Wirklichkeit wird davon ausgenommen, auch die Materie ist ein Geschöpf des lebensspendenden Geistes, an dem „seine ewige Macht und Gottheit" (Röm 1, 20) wahrgenommen wird, Medium seiner Gegenwart und Gleichnis seines Seins. Das Wort geht ein in die Grammatik der sinnlichen Welt und ist so die Exegese, die weltliche Mitteilung des unsichtbaren Gottes (Jo 1, 18). Der Mensch wird daher nicht zwischen einer Sphäre der Vergänglichkeit und einer Sphäre der Dauer aufgeteilt, sodaß er seinen Leib dort, die Seele hier abzuliefern hätte. Er ist als Ganzer entworfen, in der Ganzheit seiner Konstitutionen angenommen, also ganz vergänglich und ganz dem Wunder der Verwandlung übergeben. Die Bibel hat im Vergleich zu den Systemen der Idee und des Geistes, in denen der Mensch schon immer im Flug über die Bedingungen der Erde begriffen ist, den härteren Begriff von der Endlichkeit des Menschen. Daher stammt wohl die höhere Erregtheit der Sprache, denn der „schwere Druck" des Lebens (2 Kor 5, 4) ist zu beklagen und die Sehnsucht nach dem wahren Sein auszusprechen. Das ist nur zu erreichen in der Verwandlung aller Faktoren, aus denen die hiesige Existenz gebaut ist. Der Grund für die christliche Hoffnung, die am Fleisch festhält, ist die komplexe Einmaligkeit der irdischen Geschichte, die Tatsache, „daß der Mensch nur in seinen einmaligen Entscheidungen innerhalb seines leib-lich-sterblichen Lebens er selbst wird. Das irdische Le-ben, das ihm gegeben ist, ist nicht ein beliebiges aus einer Serie von Wiedergeburten, auch nicht ein belie-biges innerhalb eines großen biologisch-kulturellen Evolutionsprozesses, sondern sein je-einmaliges, in dem er in der Bewährung unter Seinesgleichen und in der persönlichen und sozialen Aufgabe seine perso-nale Freiheit bestätigt, innerhalb seiner endlichen Spanne seine Chance spielt."[73]

Wenn die Theologie versucht, den Glauben an die Leiblichkeit der Auferstehung in verschiedenen Mo-dellen denkbar zu machen, erhebt sie nicht den An-spruch, den Zustand der verwandelten Leiblichkeit in seiner Evidenz darstellen zu können. Sie will nur zei-gen, daß es nicht unmöglich ist, die Auferstehung des ganzen Menschen zu glauben. Auch die konkreten begrifflichen Annäherungen überschreiten diese Schranke nicht, wenn zum Beispiel die Kontinuität des jetzigen Lebens mit dem zukünftigen in der ver-borgenen „Tiefendimension des gegenwärtigen Le-bens"[74] gesehen, oder als „Essentifikation"[75], als „Verinnerlichung und Vergeistigung der Materie"[76], als „neue und endgültige Zueignung von Materie und Geist"[77] oder als „konkrete Subjektivität" definiert wird, in der die materielle Welt für immer einge-schrieben, geborgen und aufgehoben ist.[78]

Es ist sinnlos, am Leib selbst nach speziellen Linien der Kontinuität zu suchen, etwa in einem Restbestand an atomarer Materie. Die Verwandlung erfaßt alles an der Person und hat ihren Endpunkt in einem Bereich,

der menschlicher Erfahrung unzugänglich ist. Das
Verhältnis von Materie und Geist ist nicht so eng de-
terminiert, daß eine Transponierung, eine Vervoll-
kommnung ausgeschlossen wäre, und die neue Schöpfung führt in die Richtung einer größeren Freiheit
und Selbstgegenwart. Die Leiblichkeit schließt die Beziehung zum Kosmos ein, ist überhaupt das Medium
der kosmischen Lage des Menschen. Die Frage erwei-
tert sich also: Was wird mit dem gesamten System,
das in so ungeheurer Stummheit und Leere die be-
wohnte Erde enthält? Was die Dokumente des christlichen Glaubens darüber sagen, ist vom schier
ausschließlichen Interesse am Menschen bestimmt
und überdies auf den Horizont des alten Weltbildes
beschränkt. Die Erde in der Mitte des Alls, und auf
der Erde der Mensch im Zentrum der Aufmerksamkeit – der Kosmos und seine Entwicklung, die Natur,
ihre Geschichte, die lebendige Umwelt des Menschen, Tiere und Pflanzen erscheinen in dieser Konzentration nur am Rand und immer in der Funktion
einer Deutung, die auf den Menschen gerichtet ist.
Der heutige Leser der Bibel entdeckt ein klares Defizit, wenn er mit den Fragen seiner Aktualität kommt.
Die Theologie hat kein Mittel, ihm diese Fehlanzeige
zu kompensieren, solange ihr an genauer Auslegung
der Texte liegt. Es ist ihr aber auch verwehrt, die Frage
nach dem Schicksal der Tiere und Pflanzen überlegen
als kindliches, falsches Problem abzuweisen. Was
wäre das anderes als die Strategie der Unbefragbarkeit,
die nur das zuläßt, was im Arsenal der Antworten vor-
kommt? Es kann ja sein, daß ein wahres Anliegen vor-

liegt, das zu denken gibt. Die Tiere und die Pflanzen sind Elemente unserer Welt, ohne die es die Kultur- und Sinnleistung des Menschen gar nicht gäbe. Er weiß, daß er diese niedrigeren Wesen braucht, solange er hier lebt, sie sind ihm unterworfen und ausgeliefert, er zehrt von der Substanz ihres Lebens. Hat er dann das Recht, im Augenblick, wo er seine Erlösung antritt, diese Lebewesen samt ihrer Welt über die Rampe des Todes zu schütten, als bloßes Material seiner Menschwerdung einfach zurückzulassen, aus dem einmal so intensiv und selbstverständlich genützten Zusammenhang wegzuschlüpfen, um die Vollendung allein zu genießen? Was sagt der biblische Glauben gegen den Verdacht, die exklusiv dem Menschen zugewiesene Möglichkeit, die Gemeinschaft mit Gott zu erreichen, sei ein Grund, der seinen verwüstenden Umgang mit der Natur rechtfertigt? Wenn ihm der Austritt aus ihr versprochen wird, darf er sich immer schon über das System hinweggesetzt fühlen, das ihn jetzt trägt und nährt, befugt, es auszunützen und später wegzuwerfen. Es wird nicht nur zur zeitlichen Episode, sondern zur qualitativen heruntergemacht. Die Natur ist vorläufig, weil sie kein Zweck an sich selbst ist, also ganz Mittel sein muß für den, der das Privileg der Selbstzwecklichkeit allein besitzt. Darauf ist mit der Feststellung zu antworten, daß die überlieferte, von der Bibel umschriebene Aufmerksamkeit für die Realität ihre Grenzen hat. Wir haben darüber nachzudenken, was die Behauptung einschließt, das *Fleisch* werde auferstehen, der *konkrete ganze* Mensch. Vielleicht ist es möglich, darin eine an-

dere Solidarität zu entdecken, die den Zusammenhang der simplen Benützung übertrifft. Die Materie
ist gewiß kein göttliches Prinzip, aber sie ist dem Menschen auch nicht so übereignet, daß er wie ein absoluter Zweck über sie verfügen könnte. Er bleibt als Geist
an sie verwiesen, an ein Sein, das er nie vollkommen
einholt, das ihm selbst wie ein anderer Zweck entge-
gensteht. Er ist nicht nur der Benützer des Materials,
an dem er sich gewinnt und zeigt, sondern zugleich
der Entdecker dieses anderen Seins, das ihm in ureige-
ner Würde entgegenkommt. Wenn er hofft, kann er
daher seine Rolle als Entdecker des Fleisches nicht ab-
streifen, sie gehört dazu und verpflichtet ihn zu einer
Solidarität, in der er als Bürger des Reiches Gottes *an
allen Wesen um ihrer selbst willen* festhält. Das liefert
nicht die Erlaubnis zur paradiesischen Ausmalung
künftiger Welten, gibt aber der ganzen Lebenswelt einen Platz in der Hoffnung und relativiert den Menschen auf alles Geschöpfliche, das mit ihm ist, anders,
aber wirklich. Paulus spricht vom sehnsüchtigen Verlangen der Kreatur nach der Offenbarung der Söhne
Gottes (Röm 8, 19). Sie spricht das Interesse des Menschen am ewigen Leben aus. Es ist wohl an der Zeit,
den Imperativ umzukehren: die Kinder des Lichtes
sollen praktisch die Hoffnung der geschaffenen Natur
sein.

Ewige Ruhe und ewiges Leben

Die Auferstehung versenkt den Menschen nicht
spurlos im Meer des göttlichen Seins, aber sie verur-
teilt ihn auch nicht zur endlosen Reise in grenzenlo-
ser Zeit. Die Nähe Gottes gewährt ewige Ruhe nach
der Rastlosigkeit der Geschichte und sie gebiert ewi-
ges wahres Leben als Fülle der Gegenwart.

Immanuel Kant hat in seiner Schrift *Das Ende aller*
Dinge auf die Angst vor der vollendeten Zukunft hin-
gewiesen. Sie überfällt uns, wenn wir uns in unserer
zeitlich bestimmten Anschauung den Stillstand aller
Bewegung ausmalen. „Daß aber einmal der Zeitpunkt
eintreten wird, da alle Veränderung (und mit ihr die
Zeit selbst) aufhört, ist eine die Einbildungskraft em-
pörende Vorstellung. Alsdann wird nämlich die ganze
Natur starr und gleichsam versteinert: der letzte Gedanke, das letzte Gefühl bleiben alsdann in dem den-
kenden Subjekt stehend und ohne Wechsel immer
dieselben. Für ein Wesen, welches sich seines Daseins
und der Größe desselben (als Dauer) nur in der Zeit bewußt werden kann, muß ein solches Leben, wenn es
anders Leben heißen mag, der Vernichtung gleich
scheinen."[79] Analog zur fixierten Negativ-Welt der
Scheol ist der Himmel „Mangel alles Wechsels", sodaß
die Bewohner der anderen Welt so vorgestellt werden,
„wie sie, nach Verschiedenheit ihres Wohnortes (dem
Himmel oder der Hölle) entweder immer dasselbe
Lied, ihr Halleluja, oder ewig eben dieselben Jammer-
töne anstimmen..." Die Bewegungslosigkeit steht so
stark gegen die Urerfahrung *Leben*, daß sogar der Un-

terschied zwischen Himmel und Hölle relativiert wird
und der kommende Zustand insgesamt negativ erscheint. Auch die Sprache der Freiheit vermag aufs erste diese Befürchtung nicht zu besiegen. Denn
Ausdrücke wie „Selbstvollzug der Freiheit auf Endgültigkeit hin", „ausgezeitigt sein", „endgültige Bleibend-
heit menschlicher Geistpersonen"[80] sind begleitet von
der Vorstellung einer Verschließung, der Unmöglich-
keit, jemals aus der engen Umzäunung des individuellen Seins ausgehen zu können. Wie wird denn Freiheit
endgültig? Etwa indem sie sich selbst in einen Zustand
der Nicht-Freiheit überführt? Aber wie könnte das ihre
Vollendung sein? Der Alptraum der Selbstverpfer-
chung im Gewesenen überfällt diese Idee sehr bald.
Denn was ist ärger als ein rundum fertiger Mensch, der
die Definitionen seiner selbst nicht mehr zu überschreiten vermag? Trotzdem sagt Kant, ist die Idee,
Vollendung zu erreichen, mit dem Anliegen der praktischen Vernunft nahe verwandt. Selbst wenn vorausge-
setzt wird, das menschliche Leben bewege sich in
ständigem Fortschritt auf das höchste Gut hin, ist das
doch keine positive Aussicht: „Denn der Zustand, in
welchem er jetzt ist, bleibt immer doch ein Übel, ver-
gleichungsweise gegen den besseren, in den er zu treten
in Bereitschaft steht; und die Vorstellung eines unend-
lichen Fortschreitens zum Endzwecke ist doch zugleich ein Prospekt in eine unendliche Reihe von
Übeln, die, ob zwar sie von dem größeren Gut überwo-
gen werden, doch die Zufriedenheit nicht stattfinden
lassen, die er sich nur dadurch, daß der Endzweck endlich einmal erreicht wird, denken kann."[81] Würde

man also mit der vollendeten Zukunft die Vorstellung unendlicher linearer Zeit verbinden, der Zeit ohne Tod, wäre die Unruhe ewig geboren, ein anderes Motiv der Angst, nun vor dem unabsehbaren Prozeß. So steht die Vollendung in der Perspektive zeitlicher Anschauung im Zwielicht einer Alternative, die auf beiden Polen die Hoffnung niederdrückt, einmal als Stillstand und einmal als Ruhelosigkeit.

Die Auferstehung ist für den Christen in der Tat *Leben*: „Denn das Leben wurde offenbart; wir haben gesehen und bezeugen und verkünden euch das ewige Leben, das beim Vater war und uns offenbart wurde" (1 Jo 1, 2). Und sie führt in die *Ruhe*: „Denn wer in das Land seiner Ruhe gekommen ist, der ruht auch selbst von seinen Werken aus, wie Gott von den seinigen" (Hebr 4, 10). Das ist Heil und begründet nichts als Hoffnung. Dafür muß sich die Einbildungskraft brechen lassen durch den Ernst des Endes aller Welt, samt den Koordinaten, in denen uns ihre Wirklichkeit gegeben ist. Der Tod reißt das ganze System nieder, auch die Vorstellung einer unbegrenzt weiterrinnenden Zeit, eines unendlich sich erstreckenden Raumes, und befreit den Menschen für ein *Dasein in lebendiger Ruhe und ruhender Lebendigkeit.* Wir können nur paradox sagen, was die symbolische Sprache meint: von Angesicht zu Angesicht sehen, Seligkeit, Leben in Fülle, ewiges Licht, ewige Ruhe, Reich Gottes, Himmel – ein Dasein in unmittelbarer Gegenwart des ewigen Sinngrundes, entgrenzt durch die Communio mit Gott, aller Wirklichkeit offen, versammelt aus aller Zerstreuung in Zeit und Raum auf das Sein, ohne versteinert zu werden, bewegt in der Unerschöpflichkeit der Gegenwart, ohne das Erlebte je hinter sich zu lassen und zu beenden – das ist der Himmel.

Die Freiheit kann nicht anders vollkommen werden als in sich selbst. Seligkeit, die Befindlichkeit des Himmels, muß ihr reines Gelingen sein, als Ereignis der immerwährenden Selbstgewinnung des Menschen am gewinnenden Gott.

Karl Rahner hat versucht, Vorspiele zu entdecken, in denen die Andersheit des Seins in der Auferstehung schon im hiesigen Leben erfahrungshaft anklingt. Er nennt die bleibende Wirklichkeit, die in jedem Menschen den Fluß der Phänomene und Ereignisse trägt, zu einer Identität werden läßt; die geistige Erfahrung im Denken, das Vergangenheit, Gegenwart und Zukunft zu einer Einheit zusammenfügt; die freie Entscheidung, in der Wirklichkeit unwiderruflich angeeignet wird. [82] Es ist hinzuzufügen der Augenblick gelingender Liebe, die alle raumzeitliche Zerstreuung, alle Absichten in zwecklose Gegenwart versammelt. Jenseits von Starre und Rastlosigkeit, Langeweile und Unterhaltung, den Modalitäten unserer irdischen Phantasie deutet sich ein Sein an, in dem *Leben in Fülle* möglich ist.

Mit der Sehnsucht nach der ewigen Ruhe ist in manchen Religionen und in mystischen Bewegungen die Erwartung verbunden, die personale Differenz werde sich völlig auflösen, vom absoluten Einen resorbiert werden. Alle Einzelheiten, voran die individuelle Person, die abgesondertste und schmerzlichste, würden ihren Namen verlieren, ihre abgrenzenden Umrisse würden aufgelöst, und was einmal unterschiedliche Realität war, werde an sich selbst zunichte, restlos vergehen wie ein Tropfen Wasser im Meer, wie das Morgenrot wieder in die Sonne zurückfließe.

„Denn, liebst du Gott, wie er Gott, wie er Geist, wie er Person und wie er Bild ist, – das muß alles weg. – Wie denn aber soll ich ihn lieben? – Du sollst ihn lieben, wie er ist, ein Nicht-Gott, ein Nicht-Geist, eine Nicht-Person, ein Nicht-Bild, mehr noch: wie er ein lauteres, reines, klares Eines ist, abgesondert von aller Zweiheit. Und in diesem Einen sollen wir ewig versinken vom Etwas zum Nichts."[83] Liebe bedeutet für diese Vision spurlose Verschmelzung aller Unterschiede, Untergang der geschaffenen Person im göttlichen Sein, in dem selbst alle personalen Bestimmungen erlöschen müssen.

Davon hat der christliche Glaube immer Abstand gehalten, weil ihm die Differenz heilig ist und damit alles, was Beziehung und Person heißt. Der Unterschied ist nicht Abfall und Schein, Ursprung des Negativen, sondern die Urchance der Liebe, und die Liebe ist die Weise, in der die Differenz gelebt, das fremde andere Sein freundlich wird. Das Bild des dreifach in sich bezogenen göttlichen Lebens steht im Zentrum des Christentums, die Differenz hat göttliche Qualität. Auch die Auferstehung wird sie nicht verwischen, sondern *Mitsein* öffnen, *Communio* im Gegenüber, in bleibender pluraler Verfassung.

Wenn wir an die Zukunft denken, fallen uns die Toten ein, mit denen wir durch die einstige Lebensnähe noch immer ausdrücklich verbunden sind.

Christlich verstanden heißt das: Wir beziehen uns mit unserem Andenken, unserer Sehnsucht und der vielleicht noch nicht vom Vergessen besiegten Liebe nicht auf eine nackte Gottheit, die alles wieder in die Allmacht ihres Seines zurückgenommen hätte, sondern auf den *Gott des Reiches*, auf den Gott des Mitseins, also auch auf die Verstorbenen. Die Solidarität ist ein Modus der Hoffnung. Die Toten kommunizieren mit uns nicht auf der Ebene der Welt, denn diese ist für sie im Tod zu Ende. Ihr Schweigen und Fortgewendetsein ist die negative Äußerung ihres vollendeten Lebens mit Gott und positiv der Ausdruck ihrer größeren Nähe zu uns, weil sie im Ziel sind, in Gott, der uns näher ist, als wir selbst uns sein können.

Hoffnung für alle

Die Auferstehung ist Hoffnung für alle. Über die längste Zeit der christlichen Tradition, wenigstens seit Augustinus bis in dieses Jahrhundert, war die Hoffnung auf das Heil eingeschränkt von der ebenso sicheren Erwartung, daß ein Teil oder gar der größte Teil der Menschheit das Ziel verfehlen, *in die Hölle kommen* wird. Es gibt bis in die Gegenwart Seelsorger, die ihren Gemeinden diese Meinung als Dogma des Glaubens verkünden, ohne daß ihnen offiziell widersprochen wird. Sie können sich freilich auf eine lange Tradition berufen.[84] So schockierend die Aussicht, daß die Hölle weitaus größer und dichter besetzt sein soll als der Himmel, für heutiges Empfinden sein mag, sie hat der Christenheit durch lange Jahrhunderte hin offensichtlich eingeleuchtet. Mochte da und dort das Gemüt aufbegehren oder sich in der Legendendichtung eine günstigere Alternative schaffen[85], man ließ sich die finstern Kalkulationen der Theologen und Kanzelredner gefallen. Warum? Was waren die Gründe für die starke Überzeugungskraft dieser Erwartung? Wenigstens folgende scheinen eine Rolle gespielt zu haben:

Die Gewalt des Bösen in der Geschichte ist eine unausweichliche und erdrückende Erfahrung.

Es gibt eine Eskalation des Sündenbewußtseins, die alles erfaßt, überschwemmt und das Daseinsgefühl unter ein negatives Vorzeichen setzt.

Eine Metaphysik der statischen Ordnung setzt die Absonderung des Bösen vor die mitteilende Gewinnung, die Elimination vor die Kommunikation und Gott unter die Funktion der menschlichen Vergeltungsgerechtigkeit.

Die Bibel spricht, gerade im Neuen Testament, in massiver Form von Verdammnis und Hölle. Das wird so verstanden, *daß Gott schon verdammt hat, verdammt und verdammen wird.* Die Bibel, wird argumentiert, bewertet die menschliche Freiheit sehr hoch: Gott achtet diese Freiheit unbedingt. Es geschieht also kein Unrecht, wenn er sie im Falle ihrer Verweigerung darin beläßt. Die Hölle ist ganz und gar dem verhärteten Willen des Menschen zuzuschreiben.

Das Wissen um die geschehende Verdammnis ist eine unentbehrliche Stütze der Moral. Damit Gesetze gehalten werden, muß allen bekannt sein, daß die angedrohten Sanktionen durchgeführt werden, Gott also schon Menschen verdammt hat. Nur wenn die Hölle besetzt ist, kann sie ein wirksamer Faktor für die Orientierung im Handeln sein. Theologen, die für die Versöhnung aller sprechen, werden beschuldigt, den Ernst der sittlichen Forderung aufzulösen.

Wahrscheinlich ist es eine verständliche Reaktion auf die einstige Allgegenwart des Themas Hölle, wenn heute kaum davon gesprochen, die Bibel im öffentlichen Gebrauch von anstößigen Stellen gereinigt und dort, wo es nicht zu vermeiden ist, sanft klingende Euphemismen an die Stelle der alten Vokabel treten. So weit man sich in der Literatur damit befaßt, ist ein Wandel der ganzen Logik zu bemerken, begleitet von einer gewissen Verlegenheit und Befangenheit.

Ein entscheidender Anstoß für die kritsche Befragung der alten Form ist ausgegangen von der Korrektur des Gedankens einer stehenden Ordnung durch die Idee der *Solidarität.*

Die alte Zufriedenheit über die Aufteilung der Gerechten und der Verworfenen auf die streng voneinander getrennten Orte wurde durchbrochen vom Bewußtsein der Zusammengehörigkeit und vom Willen, über alle Abgründe hinweg verbunden zu bleiben. Das Böse ist eine reale Möglichkeit in allen, und das Gute ist in keinem absolut ausgeschlossen. Was wäre die Liebe, von der so klar behauptet wird, sie sei das Grundgesetz des Alls, das Wesen Gottes, die eigentliche Berufung des Menschen, wenn sie so schnell vor den Trennungen resignieren müßte oder gar wollte? Wird sie nicht beschrieben als Macht über das Böse, die einzige Möglichkeit, den fortzeugenden Kreislauf der Vergeltung zu durchbrechen? Hat sich der christliche Glaube nicht immer dagegen gewehrt, das Böse Gott, dem höchsten Gut, so entgegenzusetzen, daß daraus ein zweites Absolutes wird? Wie sollte also Gott nicht eine Geschichte zuzutrauen sein, die am Ziele mehr sein wird als die saubere Scheidung des Guten und Bösen? Mußte nicht das alte Gefühl, kraft der Gnade in den Himmel davongekommen zu sein, überboten werden von der Bereitschaft, die Hoffnung auf alle auszudehnen, gerade im Sinn der Liebe, von der so unaufhörlich die Rede ist? Charles Peguy hat mit einer Unbefangenheit, die Theologen offenbar schwer fällt, diese Fragen gestellt, und entschieden darauf geantwortet: „Wir sind mit den ewig Verdammten solidarisch. Wir dulden es nicht, daß Menschen unmenschlich behandelt werden. Wir dulden es nicht, daß Menschen von den Toren irgendeiner Polis weggewiesen werden. Das ist die große Bewegung, die uns beseelt. Wir dulden keine Ausnahme, im Himmel wie auf Erden. Eine Ewigkeit lebendigen Totseins ist ein Stück perverser, invertierter Einbildungskraft." [86] Das ist keine Laune oder der Ausdruck einer seichten Empfindlichkeit, denn „unzählige Bande knüpfen alle Wesen an Jesus, knüpfen jede Seele und jeden Leib an Jesus. Durch diese Gemeinschaft, diese Kommunion. Welch unentwirrbares Netz, meine Kinder! Alles ist an alles gefesselt. Ihr seid alle gefesselt und an alles. Alles ist an alles und an alle gefesselt, und gleichzeitig ist all das an den Leib Jesu gefesselt."[87] Die Ordnung wird dadurch nicht aufgehoben, aber sie wird neu verstanden als *Verbundenheit* aller Elemente, die sie umfaßt. In dem Maß, in dem der Gedanke der Solidarität auch in der Theologie der Hoffnung ernsthaft aufgenommen wurde, mußte die überlieferte Erwartung einer finalen Zweiteilung der Menschheit zur Frage werden. War das noch Hoffnung? War es nicht eher die sehr ambivalente Gewißheit einer universalen Vergeltungsaktion, mit dem Rest einer zitternd festgehaltenen Möglichkeit, selbst nicht unter das Urteil zu fallen? Was wäre der Besitz der Seligkeit für den einen Teil, wenn der andere für immer davon ausgeschlossen bliebe? Die Theologen der besetzten Hölle haben seit Augustinus immer wieder die lächerlich gemacht, denen mit Origenes die gewinnende Barmherzigkeit Gottes das erste und letzte ist. Die „mitleidigen Seelen"[88] bringen es nicht über sich, die harte Wahrheit der Hölle anzuerkennen, sie machen sich die Letzten Dinge leicht, sie deuteln und tändeln. Der Ernst ist bei denen, die das ewige Feuer brennen sehen über den Menschen, die es verdient haben. Der Spott kommt aus der Voraussetzung, daß nur die Exekution des ewigen Urteils den Menschen trifft, die Versöhnung aber das Leben unwirklich macht. Diese erlaubt, so wird unterstellt, keine volle Wahrnehmung des Bösen, bagatellisiert das Ausmaß des vernichtenden Schreckens und verniedlicht das Negative. Der Vorwurf meint, die Theologen der Hoffnung machten sich einer Infantilisierung ihrer Zuhörer schuldig, weil sie über den Abgrund der Realität hinwegtrösten. Aber so einfach geht es nicht mit der Beschreibung und der Verteilung des Ernstes. Wir wissen aus der Erfahrung, welche die Gesellschaft mit den Kriminellen macht, was naheliegt, leicht fällt und was erst in zweiter Linie in Frage kommt, weil es schwierig ist und die härtere Forderung stellt. Die Einweisung in die Gefängnisse, die Absonderung in speziellen Anstalten, die Versetzung ins Grab mittels der Todesstrafe muß nicht lang bewiesen werden. Das ist der erste und allen plausible Schritt: Schutz des sozialen Gefüges und Strafe der Täter durch eine Ordnung der Aufteilung. Das hat einen gewissen Ernst, denn das Übel der zwingenden Haft droht jedem, der seine Freiheit mißbraucht. Aber es ist auch leicht, sich damit zu begnügen, denn auf diese Weise ist es nicht nötig, am Bösen selbst zu arbeiten und seine Evidenz vollständig zu erfahren. Die strafende Gemeinschaft hat das Ihre getan, der Mörder sitzt und ist unschädlich gemacht, die Opfer haben ihre Genugtuung. Der Verbrecher braucht nur in die Rechnung einzustimmen: So geht es, wenn man erwischt wird. Die Macht der Bosheit, die am Werk war, bleibt unberührt außerhalb, weggeräumt, kein Gegenstand weiterer Mühe. Wie das Gefängnis und die Guillotine gehören auch Hölle und ewige Hinrichtung zu den ersten und leichten Einfällen. Diese Art der Ordnung bringt ein Gefühl der Befreiung und Entlastung, aber auch Entfernung von der Realität. In zweiter Linie nämlich kann sich der Gedanke aufdrängen, weder die Gemeinschaft noch der Täter seien durch diese Maßnahmen dem Geschehen schon gerecht geworden. Ein höheres Gut wäre es für die Gesellschaft der Bürger, wenn es ihr gelänge, den Sträfling wieder zurückzugewinnen, als ein Mitglied, das ihren Lebensregeln zustimmt. Die Strafe wird für diesen erst dann zu einem positiven Moment an seinem Leben, wenn er sie als Medium der kritischen Erfassung seiner selbst annimmt, seine Bosheit einsieht, sie als die seine bekennt, sich davon distanziert und zur Reue findet. Für die rehabilitierende Gruppe wie für den Kriminellen erscheint erst in dieser Arbeit das Böse wirklich, als eine Gewalt, die ans Leben geht. Erst hier wird es ernst und dramatisch. Nun zeigt sich für alle Seiten das Ausmaß der Verwüstung, die Opfer, die Täter für den sozialen Verband, dem sie angehören. Die größere Anstrengung in der Wahrnehmung und in der Praxis gegenüber dem Bösen liegt im mühevollen Prozeß der Versöhnung, nicht in der vergeltenden Plazierung des Übels am definitiven Ort. Es ist begreiflich, das diese zweite ernstere Möglichkeit nicht gleich gesehen wird, wenn es um das Gericht Gottes geht. Aber daß die Theologie so lang darauf verzichtet hat, darüber nachzudenken und höchstens ironische und denunzierende Anmerkungen fertigbrachte, zählt nicht zu den Beweisen ihrer Kraft. Die Hoffnung, daß die freie Macht der Gnade auf den Wegen der Freiheit alle gewinnen wird, ist eine härtere und kühnere Zumutung an die menschliche Phantasie und gewiß auch eine Beleidigung des natürlichen Hungers nach der Rache. Die göttliche Arbeit am Bösen soll restlos gelingen, sie bringt alle ins Spiel, zwingt alle vor die Evidenz der Zerstörung und macht auch dem, der sich gleich für gerettet halten will, bewußt, daß seine Identität in Gefahr ist, wenn er die Verdammten verdammt sein läßt: „Und wir sind beide verloren, wenn wir nicht beide gerettet sind."[89] Der Wille zur Kommunikation, die alle Elimination des Bösen überholen will, mußte auch die Frage nach dem Gott der alten Logik provozieren. War er, vor allem in populären Vorstellungen, noch *Gott*? War da nicht eher der Funktionär eines Prinzips Gerechtigkeit am Werk, das er durchzusetzen und am Ende der Geschichte zu verifizieren hatte? Ist es richtig zu sagen: Gott achtet die Freiheit des Menschen unbedingt, daher muß er verdammen, sonst würde er seine Geschöpfe zu Marionetten degradieren? Nicht einmal Augustinus hat das behauptet. Nimmt man den biblischen Schöpfungsglauben ernst, daß Gott der freie Ursprung, der souveräne Stifter der menschlichen Freiheit ist, der Mensch also gerade in seinen freien Akten *aus Gott* ist, dann ist es unmöglich zu sagen, Gott werde gewissermaßen durch menschliche Entscheidungen gezwungen, vor vollendete Tatsachen gestellt. Die Alternative lautet nicht: verdammen oder zur Marionette machen, sie lautet vielmehr: Will Gott verdammen oder will er versöhnen? Beides ist ihm möglich, wohlgemerkt: auch die Gewinnung der Bösen. „Die Vernichtung des letzten Feindes ist aber so zu verstehen, daß nicht seine von Gott geschaffene Substanz vergeht, sondern seine feindliche Willensrichtung, die nicht von Gott, sondern von ihm selbst stammt. Er wird also vernichtet, nicht um künftig nicht zu sein, sondern um künftig nicht mehr Feind und Tod zu sein. Denn dem Allmächtigen ist nichts unmöglich (Ijob 42,4), und nichts ist unheilbar für den, der es gemacht hat."[90] Gott bleibt gegen alle sich schließenden Endgültigkeiten der Welt der *Weg*, er hört in keinem Augenblick auf, um seine Kreatur zu werben. „Diese Unterwerfung wird sich erfüllen nach bestimmten Weisen, Regeln und Zeiten, nämlich nicht durch einen Zwang, der zur Unterwerfung drängt, und nicht durch Gewalt wird die Welt Gott untertan, sondern durch Wort, Vernunft, Wissen, Aufmunterung der Besseren, gute Lehren, auch durch angemessene, der Sache entsprechende Strafdrohungen, welche in gerechter Weise denen drohen, die die Sorge um ihr Heil und ihren Nutzen vernachlässigen."[91] Augustinus und die unter seiner Autorität lehrende Theologie behaupten, die quaestio facti sei entschieden: „Denn die beste und sicherste Begründung für solche Dinge ist doch die zu versichern, der Allmächtige könne sie ausführen, und fest dabei zu bleiben, er werde sie auch ausführen, handelt es sich ja um Dinge, die man durch Gott angekündigt lesen kann in Schriften, worin er außerdem vieles angekündigt hat, was er erwiesenermaßen bereits verwirklicht hat."[92] Das aber ist aufs neue die Frage: Hat Gott schon verdammt? Wird er es gewiß tun? Wie können wir darüber Bescheid wissen?

Ich meine, daß die Frage nicht im Sinn des Kirchenvaters entschieden ist und die Bibel nicht verbietet, alle Menschen in die Hoffnung einzuschließen. Aus den folgenden Gründen: Die Exegese der Texte zeigt, daß alles den Charakter der Entscheidung hat, was die Zukunft des Menschen in Gott angeht. Die Gerichtsdrohungen machen die Höhe des Risikos klar. Es wird jedoch keine verbindliche Offenbarung darüber gegeben, daß ein Mensch Gott verloren habe. Das gilt jedenfalls so lang, als die Auslegung der Bibel nicht nach Gründen greift, die außerhalb ihrer Methode liegen, indem sie etwa behauptet, Gott müsse aus Achtung vor der Freiheit des Menschen verdammen.

Die Bosheit der Kreatur ist nicht Maß und Grenze der göttlichen Gnade, Gottes Wille zum Heil zielt auf alle. Vor allem die Struktur der Sendung Jesu ist nicht anders zu verstehen. Seine Anstrengung richtete sich nicht zuletzt auf die Gewinnung der Feinde, der in ihrer Abwendung Verlorenen. Das ist das erste und letzte, eine Bestimmung des ganzen Verlaufs der Heilsgeschichte, nicht nur die Episode seines irdischen Auftretens.

Niemand hat ein ausreichendes Wissen über die wahren inneren Bedingungen der Sünde und das, was im Tod mit der Freiheit geschieht. Aus der Anschauung, die auf der Welt möglich ist, müssen wir sagen: es berechtigt nicht zum Urteil, daß die Verdammung notwendig eintreten muß.

Die Theologie und die Frömmigkeit haben Kalkulationen über die Zahl der Verdammten angestellt und viele mit Namen genannt. Die Glaubensgemeinschaft der Kirche hat sich in ihren verbindlichen Äußerungen dieses Wissens nie bedient und von keinem einzigen Menschen behauptet, daß er ewig verworfen sei. Sie spricht aber Menschen heilig, das heißt sie

nennt einzelne Christen, von denen sie glaubt, daß sie
Gottes Gemeinschaft erlangt haben. Die Struktur des
christlichen Glaubens ist nicht dadurch bestimmt,
daß er schon immer auf zwei Bereiche des Jenseits bezogen wäre, auf den bewohnten Himmel und die be-
setzte Hölle. Der Mensch ist auf den Gott der Freiheit
geworfen, der ihn in Liebe, Wahrheit und Gerechtigkeit sucht. Die Hoffnung ist also durch den Glauben
nicht begrenzt. Es gibt niemand, für den sie nicht eintreten dürfte. Sie ist eine eindeutige Haltung, die Bitte
um das Heil für alle.

Die Freiheit Gottes, die ungeschuldete Qualität seiner Gnade wird erst in dieser Perspektive vollkommen sichtbar. In keine Richtung kann aus angebli-
chem Wissen ein notwendiger Himmel oder eine
unausweichliche Hölle deduziert werden. Gott tritt
aus der Dämmerung des Fatalismus, in die er vor allem von denen versetzt wird, die Angst haben, ihm
das Göttlichste zuzutrauen, das es gibt, die Kunst, das
Geschöpf in Freiheit gehen zu lassen und es zu gewinnen. Die Hoffnung, von der wir hier reden, beruft
sich nicht auf Notwendigkeiten, sie kalkuliert nicht,
sondern richtet sich in der einzigen Weise an Gott, in
der er zugänglich ist, in der Bitte. Wenn ein Christ im
ernsthaften Bewußtsein lebt, daß alle Menschen in
Solidarität verbunden sind, und das Seine praktisch
dazu tut; wenn er sich nicht scheut, die härtesten
Schrecken der Geschichte wahrzunehmen; wenn er
seine Fähigkeit zum Bösen erkennt und seine bösen
Taten nicht vergißt; wenn ihm dafür tausendmal die
Hölle als das einzig Angemessene einfällt; wenn er

dennoch an der Hoffnung festhält, am Ende der
menschlichen Wege durch die Zeit werde in der
Gnade Gottes die Versöhnung restlos gelingen, weil
ihm dieser Ausgang gott- und menschengemäßer vor-
kommt, dann hofft er nicht an der Bibel vorbei. *Er
kann um das Heil aller Menschen bitten.* Das ist der
wahre Ausdruck, die Sprache der Hoffnung. Der Appell an die Freiheit Gottes kann, wie die Schrift versi-
chert[93], der Erhörung gewiß sein. Wenn dagegen
eingewendet wird, man habe aber keine Garantie, ist
zu antworten: Was heißt *Garantie* im Gebet? Im
Sinne einer Notwendigkeit kann sie für nichts in An-
spruch genommen werden, auch nicht für den Fluch,
die Bitte um Verdammung; in dem Sinn aber, daß
Gott der in schöpferischer Liebe Erhörende ist, der denen, die, weniger für sich als für die anderen, um das
wahre Leben bitten, nicht den Tod der Verzweiflung
geben wird, muß sie auch hier gelten. Der Glaubende
kann Gott zutrauen, daß er ihn für alle erhört und
seine Kunst der Gewinnung auf alle Menschen wirken läßt. Mehr an Gewißheit kann es im Verhältnis
zu Gott überhaupt nicht geben, und sie genügt. So
nimmt der Bittende die Lage des Menschen ernst, der
in Sache Hölle produktiv genug ist, und er nimmt
Gott ernst, der über alle definitiven Evidenzen des Bösen hinaus in der Macht seiner Liebe Möglichkeiten
geöffnet hat: Zukunft. Darauf geht der Glaube ein, er
kann nicht anders. Denn, sagt Sören Kierkegaard,
„dies ist der Kampf des Glaubens, welcher, wenn man
so will, verrückt für Möglichkeiten kämpft. Denn
Möglichkeit ist das Eine, was rettet."[94]

Anmerkungen

[1] Georg Trakl, Siebengesang des Todes, Dichtungen, Salzburg 1938[12], 134.

[2] E. Jüngel, Tod, Stuttgart–Berlin 1971, 99 f.

[3] Zitiert nach A. von Bormann (Hg.), Die Erde will ein freies Geleit. Deutsche Naturlyrik aus sechs Jahrhunderten, Frankfurt/M. 1984, 223.

[4] W. Fuchs, Todesbilder in der modernen Gesellschaft, Frankfurt/M. 1969, 72.

[5] Epikur, Von der Überwindung der Furcht, übersetzt von O. Gigon, Zürich 1949, 45.

[6] Ebd.

[7] Art. Nekromantie, Pauly-Wissowa XVI/2, 2218–2233; Bächtold-Stäubli, Handbuch des deutschen Aberglaubens VI, 997–1002; Art. Totenbefragung/Totenbeschwörung, Bächtold-Stäubli VIII, 1053–1055; W. F. Otto, Die Manen oder von den Urformen des Totenglaubens, Darmstadt 1976[3].

[8] E. Fleischhack, Fegfeuer. Die christlichen Vorstellungen vom Geschick der Verstorbenen, Tübingen 1969.

[9] R. A. Moody, Leben nach dem Tod, Hamburg 1977[5]; ders., Nachgedanken über das Leben nach dem Tod, Hamburg 1978; E. Wiesenhüter, Blick nach drüben. Selbsterfahrung im Sterben, Gütersloh 1976[3].

[10] Im Vorwort zu Moody, Leben nach dem Tod, 9.

[11] H. M. Baumgartner, Die Unzerstörbarkeit der Seele. Platons Argumente wider den endgültigen Tod des Menschen im Dialog „Phaidon",

in: N. A. Luyten (Hg.), Tod – Ende oder Vollendung? Freiburg/Br. – München 1980, 67–110.

[12] Plato, Phaidon 106e.

[13] H. von Glasenapp, Art. Seelenwanderung, in: RGG V³, 1637–1639.

[14] Eine Formulierung von J. B. Lotz, Der Tod in theologischer Sicht, in: A. Paus (Hg.), Grenzerfahrung Tod, Graz 1976, 82.

[15] L. Boros, Mysterium Mortis, Olten/Freiburg 1962, 9; vgl. die Darstellung und Diskussion dieser Theorie bei G. Greshake, Bemerkungen zur Endentscheidungshypothese, in: G. Greshake/G. Lohfink, Naherwartung, Auferstehung, Unsterblichkeit, Freiburg/Br. 1982⁴, 121–130.

[16] Zur marxistischen Rezeption des Begriffes der Ataraxie und Apathie vgl. I. Fetscher, Der Tod im Lichte des Marxismus, in: A. Paus (Hg.), Grenzerfahrung Tod, Graz 1976, 283–317.

[17] M. Scheler, GW 10, 20.

[18] E. Bloch, Das Prinzip Hoffnung 3, Frankfurt/M. 1968, 1384 f.

[19] Dt. 14, 1–2; 18, 11; Lev 19, 28.31; 20, 6–27.

[20] Sowohl die Erzählung von der Totenbeschwörung Sauls (1 Sam 28, 3–25) wie das Gleichnis vom reichen Mann und dem armen Lazarus (Lk 16, 19–31) zeigen, „daß von Totengeistern nichts zu erwarten ist, was über das von den lebendigen Boten Bezeugte hinausginge." H. W. Wolff, Anthropologie des Alten Testaments, München 1973, 158.

[21] 1 Kön 17, 17–24; 2 Kön 4, 32–37; Mk 5, 21–43; Lk 7, 11–17; Jo 11, 1–44; Apg 9, 32–43.

[22] G. Fohrer, Das Geschick des Menschen nach dem Tode im Alten Testament, KuD 14 (1968) 249–262; H. W. Wolff, Anthropologie des Alten Testamentes, 150–176. N. Füglister, Die Entwicklung der universalen und individuellen biblischen Eschatologie in religionshistorischer Sicht, in: F. Dexinger (Hg.), Tod, Hoffnung, Jenseits, Wien 1983, 17–40.

[23] G. Fohrer, o. c. 252–253.

[24] Das ist sehr exakt wiedergegeben in einem neueren Theaterstück: M. Frisch, Triptychon. Drei szenische Bilder, Frankfurt/M. 1981.

[25] Jes 38, 10; Ps 9, 14; Ijob 17, 16; 38, 17.

[26] E. Canetti, Die Provinz des Menschen. Aufzeichnungen 1942 bis 1972, Frankfurt/M. 1980, 181: „Verächtlich sind mir die Priester aller Religionen, die Tote nicht zurückholen können. Sie verstärken bloß

eine Grenze, über die niemand mehr springen kann. Sie verwalten das Verlorene, daß es verloren bleibt."

[27] E. Fink, Metaphysik und Tod, Stuttgart 1969, 29; ähnlich A. Schopenhauer, SW III, Leipzig 1923, 528–529; F. Rosenzweig, Stern der Erlösung, Heidelberg 1954[3], 3.

[28] Vgl. G. Condrau, Der Mensch und sein Tod, certa moriendi conditio, Zürich – Einsiedeln 1984.

[29] Th. W. Adorno, Negative Dialektik, Frankfurt/M. 1973 (= stw 113), 364.

[29a] Vgl. P. Henrici, Hoffnung als Grunddimension des Menschen, in: P. Gordan (Hg.), Die Zukunft der Zukunft, Graz – Wien – Köln 1985, 195–223.

[30] H. G. Gadamer, Die Unsterblichkeitsbeweise in Platons Phaidon, in: Wirklichkeit und Reflexion (FS W. Schulz), Pfullingen 1973, 145–161.

[31] E. Topitsch, Erkenntnis und Illusion, Hamburg 1979, 228.

[32] M. Müller, Philosophische Anthropologie, hg. v. W. Vossenkuhl, Freiburg/Br. – München 1974, 70–101; F. P. Fiorenza/J. B. Metz, Der Mensch als Einheit von Leib und Seele, in: MySal 2, 584–636; H. v. Ditfurth, Gedanken zum Leib-Seele-Problem aus naturwissenschaftlicher Sicht, Freiburger Universitätsblätter 62, 1978, 25–37; G. Vollmer, Evolutionäre Erkenntnistheorie und Leib-Seele-Problem, Herrenalber Texte 23, Karlsruhe 1980.

[33] Vgl. Wolff, Anthropologie des Alten Testamentes, 21–123; R. Schnackenburg, Christliche Existenz nach dem Neuen Testament 1, München 1967, 11–34.

[34] Vgl. G. Greshake, Das Verhältnis „Unsterblichkeit der Seele" und „Auferstehung des Leibes" in problemgeschichtlicher Sicht, und: Die Leib-Seele-Problematik und die Vollendung der Welt, in: Greshake/Lohfink, Naherwartung, Auferstehung, Unsterblichkeit, 82–120. W. Kluxen, Anima separata und Personsein bei Thomas von Aquin, in: W. P. Eckert (Hg.), Thomas von Aquino. Interpretation und Rezeption, Mainz 1974, 96–116.

[35] Das kann an der Struktur der Vernunft oder der Freiheit näher erläutert werden. Vgl. M. Scheler, Tod und Fortleben, GW 10, 9–64; M. Baumgartner, a. a. O. 98–100; G. Scherer, Das Leib-Seele-Problem in seiner Relevanz für die individuelle Eschatologie, in: Dexinger, Tod-Hoffnung-Jenseits, 61–88.

[36] E. Bloch, Das Prinzip Hoffnung 3, 1378.

[37] Vgl. H. Peuckert, Wissenschaftstheorie – Handlungstheorie – Fundamentaltheologie, Düsseldorf 1976, 303–323.

[38] G. Bachl, Über den Tod und das Leben danach, Graz 1980, 34–60.

[39] Vgl. G. Scherer, Zukunft und Eschaton. Philosophische Aspekte, in: G. Scherer/F. Kerstiens/F. J. Schierse u. a., Eschatologie und geschichtliche Zukunft, Essen 1972, 11–65.

[40] F. Hölderlin, Werke und Briefe 1, hg. v. F. Beißner und J. Schmidt, Frankfurt/M. 1969, 44–45.

[41] Zum 1 Petr 3, 19 erwähnten Höllenabstieg vgl. H. U. v. Balthasar, „Hinabgestiegen in das Reich des Todes", Der Sinn dieses Satzes in Bekenntnis, Dichtung und Kunst, München – Zürich 1982.

[42] W. Pannenberg, Tod und Auferstehung in der Sicht christlicher Dogmatik, in: KuD 20 (1974) 178.

[43] Offb 1, 12–18; 20, 13–14; 1 Kor 15, 26; 1 Jo 5, 4 ff.; vgl. die alte Ostersequenz: vita et mors duello conflixere mirando.

[44] R. Bultmann, Kerygma und Mythos I, Hamburg 1948, 47–48.

[45] K. Barth, KD IV/2, 158 f.

[46] K. Rahner, Schriften zur Theologie IV, 165–166.

[47] Sth I, q 29 a 1 ad 5; ähnlich de Pot 9, 2 ad 14.

[48] ScG IV, 79; vgl. auch STh I q 89 a 1 c.

[49] W. Pannenberg, Grundfragen der Christologie, Gütersloh 1969³, 69–112.

[50] A. Bareau/W. Schubring/Chr. v. Fürer-Haimendorf, Die Religionen Indiens III, Stuttgart 1964, 41 ff.

[51] E. Canetti, Die Provinz des Menschen, 179.

[52] Ijob 3, 3–22; Jer 15, 10; 20, 14–18.

[53] Röm 5, 12; 1 Kor 15, 21; Weish 2, 24; Sir 25, 24.

[54] Thomas von Aquino, STh I–II q 4 a 5.

[55] K. Rahner, Erfahrungen eines Theologen, in: Orientierung 48 (1984) 74.

[56] Vgl. die Aporien im Lehrschreiben der römischen Glaubenskongregation an die katholischen Bischöfe, AAS LXXI (1979) 939–943; dazu Bachl, Über den Tod und das Leben danach, 135–157.

[57] M. Scheler, GW 10, 12 ff.; H. Jonas, Zwischen Nichts und Ewigkeit, Göttingen 1963, 44 f.

[58] W. Zauner, Individuelle und universale Eschatologie im Bewußtsein des Volkes, in: Dexinger, Tod – Hoffnung – Jenseits, 139–160.

[59] H. de Lubac, Glaubensparadoxe, Einsiedeln 1972, 13.

[60] Vgl. z. B. die Eschatologie des Thomas von Aquino: STh Supplement q 69–99.

[61] E. Jüngel, Tod, 165–166.

[62] Vgl. T. Moser, Gottesvergiftung, Frankfurt/M. 1976.

[63] Vgl. weiter 2 Kor 5,8; Phil, 3,20; Jo 14,3; Lk 23,43; Phil 1,23.

[64] Röm 8,31–39.

[65] J. Ratzinger, Eschatologie – Tod und ewiges Leben, Regensburg 1977, 158–169.160.

[66] Auch bei Ratzinger, trotz seines Plädoyers für die Anschaulichkeit. Es hat wenig Konsequenz, wenn er einerseits die Vorstellbarkeit strikt leugnet, andererseits das Prinzip aller Imagination, das Raum-Zeit-Schema, eschatologisch anwendet, vgl. Eschatologie 92–175.

[67] Jüngel, Tod 109.

[68] Die Sorge für die Toten XVII, 21, zitiert nach der Übersetzung von G. Schlachter, Würzburg 1975, 37.

[69] H. U. v. Balthasar. Pneuma und Institution, Einsiedeln 1974, 435.

[70] Ohne das Schema der Zeitlichkeit, die Logik der Reinkarnationsidee vollkommen auf die Lehre vom Purgatorium zu übertragen, kann man diese als die christliche Wahrnehmung des Anliegens ansehen, das in jener gegeben ist: der heilenden Aufholung des Defizits an Leben. Vgl. K. Rahner, Fegfeuer, in: Schriften zur Theologie XIV, 435–449.

[71] Das Ergebnis der Diskussion zu den Vorschlägen Greshakes bestätigt die Notwendigkeit äußerster Zurückhaltung, vgl. Greshake/Lohfink, 131–182.

[72] L. Wittgenstein, Vermischte Bemerkungen, Frankfurt/M. 1977, 55.

[73] H. U. von Balthasar, Pneuma und Institution 449.

[74] W. Pannenberg, Das Glaubensbekenntnis ausgelegt und verantwortet vor den Fragen der Gegenwart, Hamburg 1972, 181.

[75] P. Tillich, Systematische Theologie III, Stuttgart 1966, 453.

[76] P. Teilhard de Chardin, zitiert nach Greshake/Lohfink, 170–172.

[77] J. Ratzinger, Eschatologie, 160.

[78] K. Rahner, Schriften zur Theologie IV, 430.

[79] ThWA XI, 183–184.

[80] K. Rahner, Schriften zur Theologie XIV, 446.

[81] ThWA XI, 184.

[82] K. Rahner, Schriften zur Theologie XIV, 422–432.

[83] Meister Eckehart, Deutsche Predigten und Traktate, herausgegeben und übersetzt von J. Quint, München 1977[4], 355.

[84] Vgl. den Artikel über die Zahl der Erwählten von A. Michel in DThC 4/2, 2350–2378.

[85] Vgl. Alphons von Liguori, Die Herrlichkeiten Mariä, Regensburg 1928, 96 ff.; 224 f. Der fürbittenden Wundermacht der Heiligen, vor allem der Jungfrau Maria, gelingt es immer wieder, die Endgültigkeit des Todes aufzuheben, Menschen, die in Todsünde verstorben sind, Möglichkeiten der Buße zu verschaffen, ja sie aus der Hölle zu retten.

[86] Zitiert nach H. U. von Balthasar, Herrlichkeit 2, Einsiedeln 1962, 811–812.

[87] Zitiert nach von Balthasar, Herrlichkeit 2, 825; vgl. dort das Kapitel „Die Metamorphosen der Hölle" 803–831.

[88] Augustinus, Gottesstaat XXI, 17.

[89] B. Brecht, WW 9, 577.

[90] Origenes, Über die Hauptlehren III, 6, 5.

[91] Origenes, Über die Hauptlehren III, 5, 8.

[92] Augustinus, Gottesstaat XXI, 7.

[93] Mt 7, 7–11; Lk 18, 1–8; 11, 5–13.

[94] S. Kierkegaard, Die Krankheit zum Tode, GW 24/25, 35.